ANTOINE DE SAINT-EXUPÉRY
Le Petit Prince
Avec des aquarelles de l'auteur
nrf
GALLIMARD

ANTOINE de SAINT EXUPÉRY
COURRIER
SUD
nrf
GALLIMARD

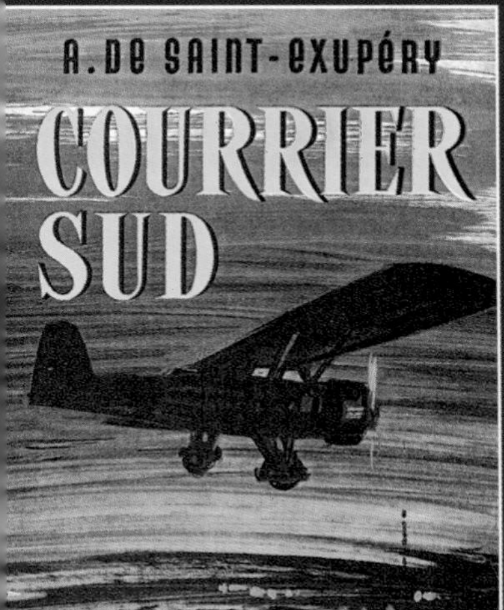
A. DE SAINT-EXUPÉRY
COURRIER SUD
LIVRE
POCHE
Texte intégral

ANTOINE DE SAINT-EXUPÉRY

VOL DE NUIT

nrf

Gallimard

A. DE SAINT-EXUPÉRY
VOL DE NUIT
Le LIVRE de POCHE
Texte intégral
VOL DE NUIT
A. DE SAINT-EXUPÉRY
Le LIVRE de POCHE
Texte intégral

ANTOINE DE SAINT EXUPÉRY
Terre
des
HOMMES
nrf
Gallimard
A. DE SAINT-EXUPÉRY
TERRE
DES
HOMMES
Le
LIVRE
de
POCHE
Texte intégral

ANTOINE DE SAINT EXUPÉRY
PILOTE DE GUERRE
nrf
GALLIMARD

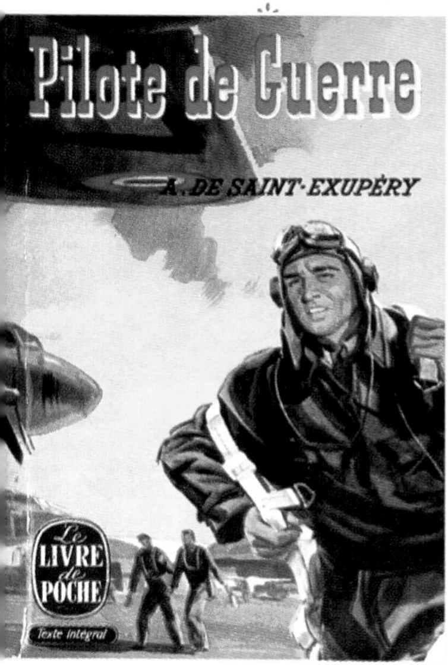
Pilote de Guerre
A. DE SAINT-EXUPÉRY
Le LIVRE de POCHE
Texte intégral

Nathalie des Vallières est historienne d'art et diplômée de muséologie. Spécialisée dans l'architecture de la Renaissance, elle fait des recherches pour la réhabilitation des monuments anciens. Sa connaissance particulière de la vie et de l'œuvre de Saint-Exupéry lui vient de ses liens familiaux puisqu'elle se trouve être sa petite-nièce. Conférencière et chroniqueuse, elle a monté des expositions littéraires sur Daudet et Rabelais.

A Nicolas, Thomas et Agathe, en souvenir d'un hiver aux Dahlias.

1er dépôt légal : septembre 1998
Dépôt légal : octobre 2000
Numéro d'édition : 98383
ISBN : 2-07-053279-8
Imprimerie Kapp Lahure Jombart, à Evreux

SAINT-EXUPÉRY
L'ARCHANGE ET L'ÉCRIVAIN

Nathalie des Vallières

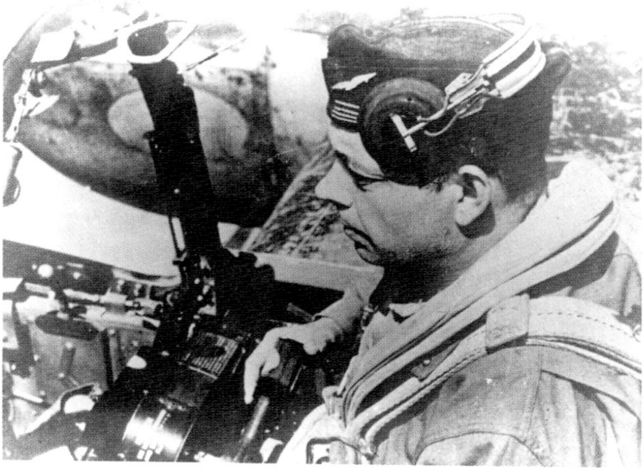

DÉCOUVERTES GALLIMARD
LITTÉRATURE

« Il était quelque part un parc chargé de sapins noirs, et de tilleuls et une vieille maison que j'aimais. [...] Peu importait qu'elle fut éloignée ou proche : il suffisait qu'elle existât pour remplir ma nuit de sa présence. J'étais l'enfant de cette maison, plein du souvenir de ses odeurs, plein de la fraîcheur de ses vestibules, plein des voix qui l'avaient animée. »

Saint-Exupéry,
Terre des hommes

CHAPITRE PREMIER

LE PETIT PRINCE DE LA PLANÈTE ENFANCE

S'il est surnommé le Roi-Soleil, ce n'est pas uniquement à cause de sa chevelure blonde et bouclée : enfant exigeant, imaginatif et volontaire, Antoine arrive toujours à ses fins. Il suit partout sa mère pour qu'elle lui raconte des histoires, traînant derrière lui une petite chaise verte, son « trône ».

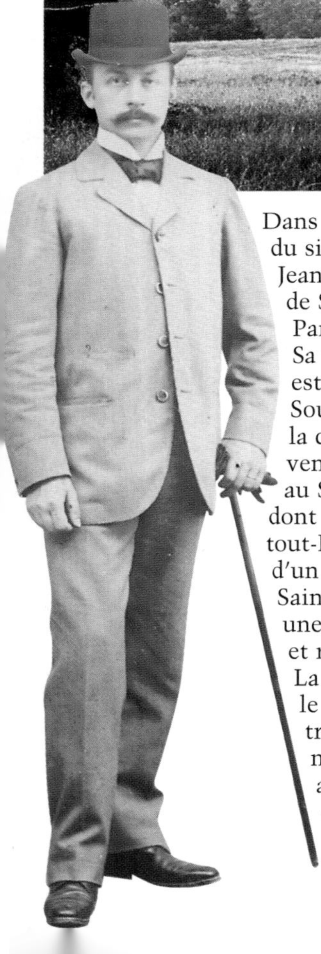

Dans les premiers jours d'été du siècle naissant, Antoine, Jean Baptiste, Marie Roger de Saint-Exupéry naît à Lyon. Par hasard dira-t-il lui même. Sa mère, Marie de Fonscolombe, est d'origine provençale. Sous l'égide de sa grand-tante, la comtesse de Tricaud, elle est venue à Lyon faire des études au Sacré-Cœur. « Tante », dont le salon est fréquenté par le tout-Lyon, reçoit un jour la visite d'un lointain neveu, Jean de Saint-Exupéry, inspecteur dans une compagnie d'assurances et récemment nommé à Lyon. La vieille dame trouve que le jeune homme ferait un très bon parti pour Marie. Le mariage a lieu le 6 juin 1896 au château de Saint-Maurice-de-Rémens dans le Bugey.

Après la naissance de deux filles, Marie-Madeleine

Le château de la Mole, situé près de Cogolin dans le Var, appartient à la famille Fonscolombe depuis 1770. Manoir provençal flanqué de deux tours médiévales, il est doté d'une ferme, d'une bugade (terme provençal désignant la buanderie) et d'un four à pain à l'arrière du bâtiment principal. Au rythme des saisons agricoles, le domaine a vu grandir Marie de Fonscolombe. Sous l'égide de son père Charles, et suivant les préceptes de saint François d'Assise, la fillette apprend à se familiariser avec la nature et les animaux. Elle transmettra à ses enfants le respect des êtres vivants les plus démunis.

en 1897 et Simone en 1898, l'arrivée d'Antoine comble de bonheur sa jeune mère qui voit déjà en lui «la gloire de sa vie». François, en 1902, et Gabrielle, en 1903, agrandissent la tribu qui se voit très vite privée de chef : Jean de Saint-Exupéry meurt, victime d'une attaque, à l'été 1904, laissant une jeune veuve et cinq enfants. Sans ressources pour élever sa famille, Marie de Saint-Exupéry s'installe à la Mole, dans la propriété que son père, Charles de Fonscolombe, possède près de Saint-Tropez.

Marie de Fonscolombe a été élevée dans la tradition artistique de ses ancêtres. D'une grande sensibilité, elle est à la fois musicienne et peintre. Elle joue du piano et de la guitare. Tout au long de sa vie, elle réalisera aux pastels des portraits et des paysages.

«Je me souviens des jeux de mon enfance»

C'est dans la campagne provençale, à l'ombre du platane planté par leur mère lorsqu'elle avait sept ans, que les enfants Saint-Exupéry vont d'abord grandir au contact de la nature, au rythme des saisons agricoles. Vivant au milieu de l'arche de Noé qu'est une ferme, ils suivent Tite, le berger qui fait paître ses moutons, dans les prés entourant le domaine. Ils découvrent la joie des voyages en train en prenant le «Petit Sud», qui relie Cogolin à Saint-Tropez. Les jours de canicule, leur mère les garde au calme en faisant leur portrait et, pour les tenir tranquilles, leur raconte les contes d'Andersen ou des épisodes de la Bible qu'ils s'amusent ensuite à mettre en scène.

Jean, vicomte de Saint-Exupéry, naît en 1863 à Florac, où son père est alors sous-préfet. D'abord officier des dragons à Tours, il quitte l'armée pour entrer dans une compagnie d'assurances qui l'envoie à Lyon. Il y fait la connaissance de Marie de Fonscolombe, de douze ans sa cadette. D'un caractère enjoué, bon vivant, il disparaît brutalement à l'âge de quarante et un ans. De ses cinq enfants, seules les deux aînées en garderont le souvenir.

Elève à Notre-Dame de Sainte-Croix au Mans, comme autrefois son père et son oncle, Antoine s'y révèle d'un niveau moyen. Plutôt rêveur et distrait, il a laissé à ses condisciples le souvenir d'un enfant peu souriant. Il se présentait souvent une heure trop tôt chez le camarade avec qui il devait faire route vers le collège, gagnant ainsi l'aubaine d'un second petit déjeuner. «Je suis un collégien qui connaît son bonheur et qui n'est pas tellement pressé d'affronter la vie.»

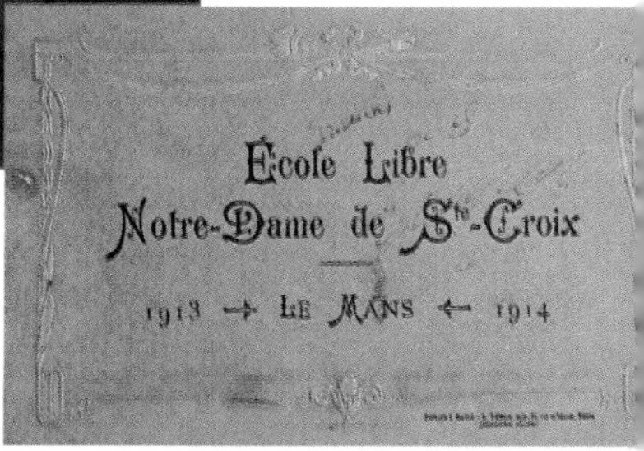

En 1907, le décès du grand-père, Charles de Fonscolombe, plonge la famille dans une nouvelle épreuve. Mais c'est sans compter sur la générosité de madame de Tricaud, qui se propose d'accueillir chez elle sa nièce et ses neveux. Depuis qu'ils ont quitté Lyon, Marie et les enfants lui manquent, surtout Biche (Marie-Madeleine), la sœur aînée d'Antoine qui, par sa santé fragile, lui rappelle sa fille trop tôt disparue. Désormais, la vie des enfants se déroulera entre le château de Saint-Maurice-de-Rémens et l'appartement de la place Bellecour à Lyon. Et c'est le parc de Saint-Maurice qui sera le lieu de toutes les découvertes, de tous les souvenirs dont Antoine, enfant émerveillé, émaillera ses livres de touches nostalgiques.

«Je suis un élève dissipé»

En 1909, à la demande de Fernand de Saint-Exupéry qui souhaite que la famille de son fils se rapproche de lui, Antoine et François s'installent au Mans avec

Gabrielle de Lestrange, comtesse de Tricaud (à droite, 1833-1919), «Tante» pour les enfants, est, selon Simone, la sœur d'Antoine, «la survivante d'une génération presque disparue». Gardienne des rites, elle aime cependant le monde, le jeu et la bonne chère. Elle conduit de main de maître toute la maisonnée et n'est heureuse que lorsqu'elle reçoit sa nombreuse famille.

leur mère et entrent au collège des Jésuites de Sainte-Croix. Les garçons apprennent alors les rigueurs de la vie de pensionnaires. «Quand on est un petit garçon au collège, on se lève trop tôt. On se lève à six heures du matin. Il fait froid. On se frotte les yeux et on souffre à l'avance de la triste leçon de grammaire. C'est pourquoi l'on rêve de tomber malade pour se réveiller à l'infirmerie où des religieuses à cornettes blanches vous apporteront au lit des tisanes sucrées.»

L'*Odyssée d'un chapeau melon* raconte l'histoire d'un chapeau qui, après avoir coiffé plusieurs propriétaires, dont un cheval, finit sur le crâne d'un chef africain. Malgré son orthographe fantaisiste, le récit valut à Antoine le prix de rédaction de 1914.

Je naquis dans une grande usine de chapeaux. Pendant plusieurs jours je subis toutes sortes de supplices : on me découpait, on me tendait, on me vernissait. Enfin un soir je fus envoyé avec mes freres chez le plus grand chapellier de Paris.

Antoine est un élève distrait, peu appliqué et fantaisiste, dont l'une des occupations préférées consiste à démonter les stylos à encre, qui viennent de faire leur apparition. Ses camarades le surnomment «Tatane». Il crée un journal de classe qui s'arrête dès la parution du premier numéro, interdit par les Pères Préfets qui distribuent des heures de colle aux journalistes en herbe. Jusqu'à la guerre de 1914, les garçons font leurs études au Mans. Pendant l'année scolaire, leur mère confie volontiers ses fils à la garde de ses belles-sœurs.

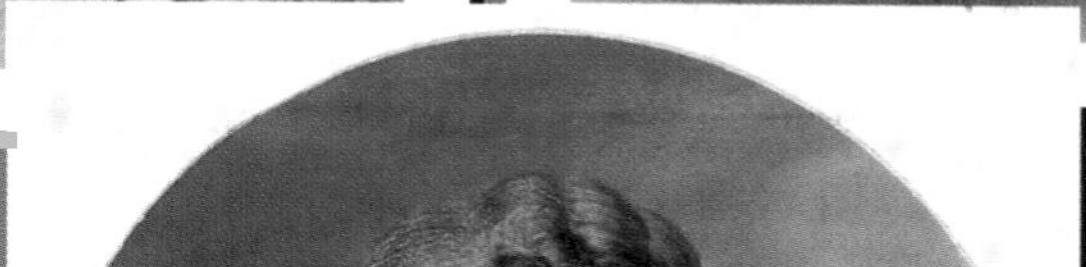

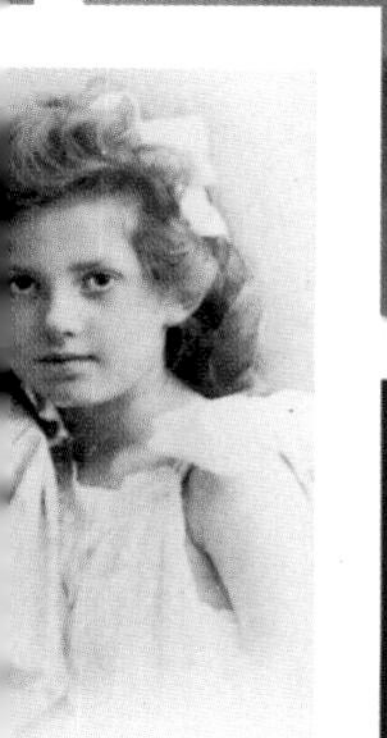

Le mariage de Jean de Saint-Exupéry et de Marie de Fonscolombe est un mariage de raison. Originaires du centre de la France, les Saint-Exupéry ont la fierté de voir leur nom figurer dans la salle des Croisades à Versailles. Sous la Restauration, ils héritent du château de Malescot à Margaux. Mais Fernand de Saint-Exupéry, le grand-père d'Antoine (1833-1919, page de gauche), doit le vendre et rentrer dans la vie active. Après avoir été sous-préfet de l'Empire, il s'établit au Mans, où il fonde une compagnie d'assurances. Son épouse, Alix Blonquier de Trélan (1843-1906) est d'origine tourangelle. Face aux Saint-Exupéry, les Boyer, riches drapiers aixois, acquièrent en 1715 la terre de Fonscolombe au bord de la Durance. En 1741, ils sont anoblis par une charge de secrétaire du roi. Charles de Fonscolombe, baron de La Mole (1838-1907, à gauche), est inspecteur des Finances avant de s'installer à La Mole. Alice de Romanet de Lestrange, son épouse (1847-1933, ci-contre), atteinte de surdité, sera pour ses petits-enfants une grand-mère un peu lointaine. En 1896, lorsque les deux familles s'unissent, les Saint-Exupéry sont obligés de travailler pour vivre, tandis que les Fonscolombe exploitent leur propriété.

Le château de Saint-Maurice, bâti sous Louis XVI, a été acquis par les Tricaud sous la Restauration. Après en avoir hérité, Léopold et Gabrielle de Tricaud le remanient dans le style du Second Empire, lui ajoutant deux ailes couronnées de terrasses à l'italienne. En 1874, ils font construire pour leur fille décédée une chapelle accessible depuis l'intérieur du château. D'un bout à l'autre, celui-ci est divisé par un large vestibule. Au rez-de-chaussée se trouvent les pièces de réception. Les chambres des adultes sont au premier, celles d'Antoine, de François et de Gabrielle au second. Le grenier, tout proche, sert de salle de jeux les jours de pluie.

Elle part retrouver ses filles restées à Lyon chez Tante, ou sa mère qui, depuis son veuvage, s'est installée avec sa fille Madeleine à Saint-Raphaël.

«Cinq enfants dans un parc»

Heureusement, les vacances signifient le retour à Saint-Maurice, les cavalcades dans le parc, les expériences scientifiques quelquefois imprudentes, telle la fabrication d'un arrosage à vapeur pour obtenir un meilleur rendement de leur potager. Sous les yeux de son frère fasciné, Antoine invente une bicyclette à voile, pour tenter de s'envoler dans les airs avec la force conjuguée de ses mollets et du vent.

Le parc est le domaine de tous les jeux inventés, «car nous méprisions les jeux des autres». Les bosquets sont des terres d'aventure et la vieille porte condamnée au bout du jardin, avec sa clef rouillée, mène à une citerne dangereuse, donc, au pays des fées. Et lorsque gronde l'orage, ils retrouvent leur jeu favori,

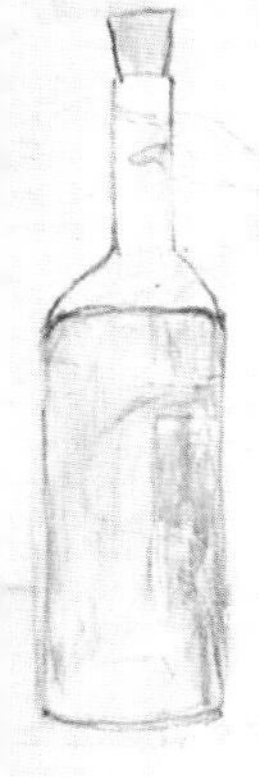

qui consiste à traverser le parc en courant, en essayant de passer entre les gouttes d'eau meurtrières pour être sacré «Chevalier Aklin».

Saint-Maurice, c'est aussi l'ambiance très spéciale des grandes maisons de famille aux placards interdits, aux greniers emplis de souvenirs entassés depuis des générations. Grâce à l'imagination de cinq enfants rêveurs, ces pièces deviennent le terrain de toutes les explorations, de toutes les peurs. Chaque enfant a son domaine qu'il aménage à sa guise, temple secret où la personnalité se développe en fonction de ses goûts. Biche s'est installée un salon chinois. Les garçons partagent la même chambre, lieu de disputes et de complicité, car Antoine est tyrannique et n'aime pas que François ne se plie pas à ses volontés.

Tiré de l'album d'aquarelles des enfants Saint-Exupéry, le croquis ci-dessus représente les communs de Saint-Maurice. Les domestiques attachés au service de la comtesse de Tricaud étaient logés dans cette bâtisse située derrière le château.

«Nous formions tribu»

Les jeunes Saint-Exupéry vivent dans la connivence d'une fratrie où les enfants sont rois. Les gouvernantes qui s'occupent d'eux ont du mal à s'imposer devant des boute-en-train rieurs et peu obéissants. Pourtant les enfants les chérissent. Antoine, dans deux de ses livres, célébrera la mémoire de Paula, sa première *Fraülein* d'origine autrichienne, et de Moisie, gardienne des armoires.

“Derrière la porte dormait une eau que nous disions immobile depuis mille ans, à laquelle nous pensions chaque fois que nous entendions parler d'eau morte. De minuscules feuilles rondes la revêtaient d'un tissu vert : nous lancions des pierres qui faisaient des trous. Le caillou que nous avions lancé commençait son cours comme un astre, car pour nous, cette eau n'avait pas de fond.”

Ils grandissent sous la houlette d'une mère très indulgente, qui les laisse agir librement, afin que leurs dons artistiques et musicaux puissent se développer. Les enfants prennent des cours de piano ou de violon, s'initient au chant, au dessin et laissent éclater leur talent littéraire en écrivant des poèmes et des comédies qu'ils interprètent eux-mêmes. Très tôt, Antoine, dit Tonio, se met à écrire des vers qu'il déclame au public indulgent et conquis que forment son frère et ses sœurs. Il n'hésite pas à réveiller sa mère en pleine nuit pour lui demander son avis sur telle ou telle composition. Malgré la rigueur de la tante de Tricaud, ils ignorent l'autorité d'un père qui aurait peut-être canalisé toute cette imagination créatrice.

La musique tient une grande place dans la vie de la famille. Marie-Madeleine et Antoine prennent des cours de violon, Gabrielle apprend à jouer du piano. Tous suivent les leçons de chant que vient leur donner la fille du directeur de l'Opéra de Lyon. A la messe du dimanche, les enfants font partie de la chorale et entourent Marie de Saint-Exupéry qui tient l'harmonium. Le soir, la famille se réunit au salon et, toutes générations confondues, chante de vieilles mélodies françaises, l'épopée vendéenne ou tout simplement des cantiques. «Aux marches du palais» est la chanson favorite d'Antoine.

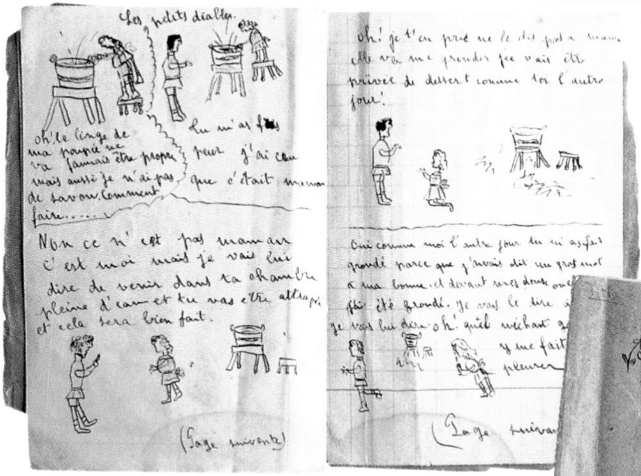

Dans *L'Amusette* (ci-contre et ci-dessous), Antoine et ses frère et sœurs écrivent, chacun à leur tour, des saynettes dont ils illustrent les moments forts avant de les interpréter devant les grandes personnes.

Lorsque l'on reçoit à Saint-Maurice, les enfants ont quelquefois la permission d'assister aux repas. A haute voix, ils notent les invités, selon leur intérêt, savourant les charmes d'un code qu'ils sont seuls à connaître.

«Les ailes frémissaient dans le souffle du soir / Le moteur, de son chant, berçait l'âme endormie»

A six kilomètres de la propriété de Saint-Maurice se trouve le terrain d'aviation d'Ambérieu, où l'on expérimente la fabrication d'aéroplanes. Accompagné de Gabrielle, Antoine s'y rend souvent à bicyclette pour voir voler ces énormes chauve-souris. Présenté aux mécaniciens par un camarade du village, il se met à hanter les hangars, mitraillant les ouvriers de questions. Bien entendu, sa mère lui a interdit de monter dans une de ces drôles de machines et, jusque-là, Antoine a tenu bon. Mais fin juillet 1912, faisant fi du veto maternel, il reçoit son baptême de l'air dans un Berthaud-Wroblewski, piloté par Gabriel Wroblewski. Ravi de son acte de désobéissance, le jeune garçon gardera un souvenir ébloui de ces brefs instants passés dans le ciel.

La salle à manger de Saint-Maurice (page de gauche) conservait entre ses murs, ornés jusqu'à mi-hauteur de boiseries, l'odeur parfumée des fruits matures. C'était la plus grande pièce de la maison. Le mobilier de style Henri III et Louis XIII en chêne blond, sculpté d'armoiries, rendait l'endroit un peu solennel. Cyprien, le valet de chambre surnommé «Crapaud-Zizi» par les enfants, y régnait en maître.

En 1914, lorsque la guerre éclate, madame de Saint-Exupéry occupe le poste d'infirmière major à la gare d'Ambérieu. Antoine connaît alors la vie de pensionnaire à Villefranche-sur-Saône, puis à Fribourg, chez les frères marianistes. C'est là qu'il se lie avec Charles Sallès et Louis de Bonnevie, amitiés qui éclaireront sa vie d'adolescent, puis d'homme. Pendant ces années, il découvre Balzac, Dostoïevski, Baudelaire, Leconte de Lisle, Heredia et Mallarmé.

Créée et dirigée par Marie de Saint-Exupéry au lendemain de la déclaration de guerre, l'infirmerie de la gare d'Ambérieu (proche de Saint-Maurice) fonctionnera durant toute la durée du conflit. On voit ci-dessus Gabrielle, en 1917, y servant le café aux soldats.

«Je voudrais faire mon testament»

Pendant l'été 1917, Antoine perd son jeune frère François, atteint de rhumatismes articulaires. Il vit cette épreuve en s'enfermant dans un mutisme douloureux, attitude qu'il conservera tout au long de sa vie, chaque fois qu'il sera meurtri dans ses affections. C'est seulement vingt ans plus tard, quand il aura exorcisé son chagrin, qu'en quelques lignes il évoquera les derniers instants de son cadet qui veut faire de lui son exécuteur testamentaire : «S'il était constructeur de tours, il me confierait sa tour à bâtir. S'il était père, il me confierait des fils à instruire. S'il était pilote de guerre, il me confierait ses papiers de bord. Mais il n'est qu'un enfant. Il ne confie qu'un moteur à vapeur, une bicyclette et une carabine.»

Avec la réussite au baccalauréat, finit l'époque privilégiée qu'on appelle l'enfance.

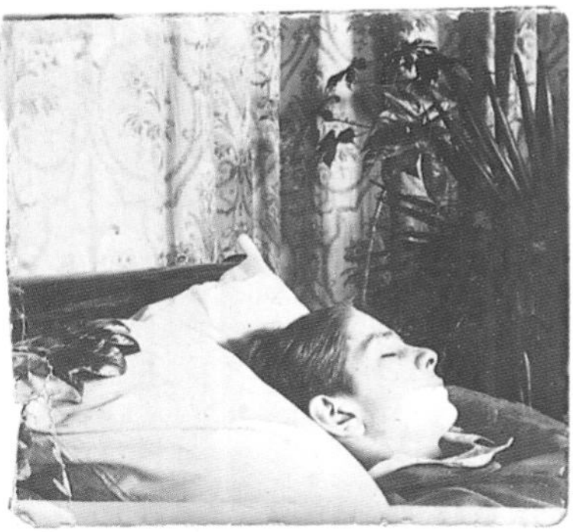

Le 17 mai 1917, Antoine, alors pensionnaire à Fribourg (à droite), écrit à sa mère : «Madame de Bonnevie m'a appris ce que François avait, le pauvre garçon!» Il savait son jeune frère perdu. Deux mois plus tard, il le photographie sur son lit de mort (à gauche).

«C'est la première fois que j'ai vu la guerre, mais c'est rudement bath quand ça se passe en l'air»

Sortant d'un bac littéraire, Antoine peine pour atteindre le niveau de la classe de mathématiques de l'abbé Sudour à Bossuet (ci-dessous, en 1919).

En septembre 1917, Antoine se retrouve interne à Paris pour préparer l'Ecole navale. Le lycée Saint-Louis réunit les candidats aux concours des grandes écoles : Polytechnique, Navale, Saint-Cyr et Centrale. La rivalité bat son plein entre les différentes sections, chacun défendant la discipline de son choix. Le soir, les élèves sont logés à Bossuet, où Antoine fait la connaissance d'Henry de Ségogne, avec qui il restera toujours en relation, lui écrivant régulièrement malgré les distances qui les séparent. L'abbé Sudour, le directeur adjoint, le prend sous sa protection; il interviendra en sa faveur à différents moments de sa vie.

Malgré les privations dues à la guerre, Antoine est invité par des parents et amis parisiens à partager la vie intense de la capitale. Provincial isolé dans la Ville Lumière, il est reçu chez les Saussine – dont la plus jeune fille, Rinette, sera pendant longtemps une correspondante fidèle –, chez les Vilmorin, rue de la Chaise, et partout où ses amis veulent bien l'introduire. Dîners, spectacles, sorties, Saint-Exupéry fait son entrée dans le monde tout en travaillant d'arrache-pied ses maths, son point faible.

Mais la guerre se rapproche. La Grosse Bertha pilonne Paris. Pour limiter le champ d'action des avions ennemis, on équipe la ville de lumières bleues qui lui donnent les allures d'une grande tache d'encre. Les alertes nocturnes réveillent les candidats aux concours qui doivent se réfugier dans les abris. Déjouant la vigilance des surveillants, Antoine et ses camarades montent sur les toits pour voir le ballet des avions qui bombardent la capitale. «Ils sont venus! Ça y est, j'ai assisté à un peu de guerre. Je vais te raconter ça... C'est féerique», écrit-il à ses amis dans des lettres enthousiastes. Pour plus de sécurité, les élèves sont transférés au lycée Lakanal de Sceaux. Après deux échecs successifs à Navale, Saint-Exupéry est désormais trop âgé pour envisager une troisième candidature.

«Ce que je deviendrai dans dix ans est le dernier de mes soucis»

Sans projet précis, Antoine s'inscrit à l'Ecole des beaux-arts, en section d'architecture. «Saint-Ex était architecte comme moi je suis dentiste. Lui-même devait quelquefois se demander ce qu'il faisait aux Beaux-Arts. Car son amour pour l'architecture

n'était pas exactement dévorant», dira de lui un de ses condisciples, Bernard Lamotte. De fait, on le rencontre plus souvent au bistro, en train d'écrire, qu'à ses cours.

Tout en logeant à l'hôtel de Louisiane, proche des Beaux-Arts, il dispose d'une chambre, quai Malaquais, dans l'hôtel particulier de sa cousine Yvonne de Lestrange. Le soir, à la sortie des bureaux, celle-ci reçoit dans son salon, qui jouxte la maison d'édition Gallimard, tout ce que la rive gauche connaît d'écrivains et d'éditeurs. Dès 1917, Antoine rencontre André Gide, Gaston Gallimard et Jean Schlumberger.

Yvonne de Lestrange (à gauche, 1892-1981), alors mariée au duc de Trévise, est la cousine issue de germaine de Marie de Saint-Exupéry. Antoine (ci-dessous au violon, en 1917) l'aimait beaucoup : «Yvonne est fantastique, elle est exquise, on ne s'ennuie pas une seconde avec elle, elle explique les jolies choses de Paris.» Elle influencera Antoine dans sa carrière littéraire.

Au bout de quatre années, la guerre se rapproche de Paris, qui est bombardé. «Rien de tel que d'entendre le canon, les mitrailleuses et le bruit des bombes. Ça guérit de la neurasthénie de la guerre qui envahissait peu à peu les civils», écrira Antoine.

Reçu dans les meilleures maisons, il alterne les dîners somptueux et les restaurants à prix fixe. Ses tenues vestimentaires sont fantaisistes, mais son originalité d'esprit porte ses relations à l'indulgence. Cette vie de bohème dure un peu plus d'un an et, le 9 avril 1921, Antoine, part effectuer son service militaire. Il est incorporé au 2e Régiment d'aviation de Strasbourg, en tant que simple soldat de deuxième classe, chez les rampants.

Antoine aime piloter, mais la théorie l'ennuie. Il fait tout pour être recalé à son examen d'élève officier de réserve : «Je ne tiens pas à être reçu. Je ne tiens pas à m'abrutir dans une école sinistre de théorie militaire. Je n'ai pas l'âme d'un adjudant.» Il est néanmoins admis, 67e sur 68…

«Si vous saviez l'irrésistible désir que j'ai de piloter»

La vie de caserne s'avère plutôt monotone. Pour s'en échapper, Saint-Exupéry loue un appartement en ville, dans lequel il passe tous ses temps libres. Un de ses camarades, apprenti prestidigitateur, lui enseigne des tours de cartes. Il s'était inscrit à Strasbourg pour piloter, mais la base ne délivre plus cette formation. Par contre, en détournant un peu le règlement, il peut passer son brevet de pilote civil, beaucoup plus onéreux. Après de nombreuses suppliques auprès de sa mère, qui n'a qu'un très petit budget pour faire vivre les siens, il arrive à ses fins. Ainsi apprend-il à piloter à bord d'un avion civil à usage de promenade, instruit par le pilote Aéby, qui n'a jamais enseigné, le tout sur un terrain militaire où cette formation est interdite!

Une fois son brevet en poche, Saint-Exupéry est affecté au Maroc pour se perfectionner. L'idée

de survoler le désert l'enthousiasme. Mais le désert qu'il s'imaginait ne ressemble en rien à celui dans lequel il vit. «Si vous croyez que cela nourrit la pensée de voir treize cailloux et dix touffes d'herbe. Où sont les bananiers, les dattiers, les cocotiers de mes rêves?»

L'endroit n'a rien de paradisiaque; Antoine éprouve le mal du pays, tout en étant anxieux de ce qui l'attend au retour. On décèle dans les nombreuses lettres qu'il a le temps d'envoyer à ses proches qu'il est miné par la solitude et l'ennui.

L'image de désert dont avait rêvé Antoine était celle des palmeraies, des oasis, et non celle du sable, des cailloux et des rares arbustes qui s'étendent autour de Casablanca. La réalité du désert lui donne la nostalgie des vertes prairies de Saint-Maurice.

«Je voudrais revoir votre pays où tout est vert»

S'il n'est pas séduit par la vie militaire, la vieille ville et les habitants de Casablanca le fascinent et, surtout, il vole de plus en plus souvent. Son séjour va prendre une autre tournure lorsque son ami Sabran, condisciple de Saint-Louis en poste à Rabat, le présente au capitaine Pierre Priou, haut commissaire aux Affaires indigènes, qui les reçoit chez lui. Saint-Exupéry savoure les soirées passées dans le salon maure du capitaine, en compagnie d'amis qui bridgent ou jouent de la musique.

«Casablanca est une ville champignon aux immeubles écrasants. Heureusement, la ville arabe est là. Entourée de hauts murs, elle défend ses petites échoppes claires et ses étalages multicolores, ses marchands de gâteaux qui promènent dans les rues leurs grands plateaux de cuivre et t'offrent des meringues rouges et du nougat bleu. Et surtout (et c'est tout ce que j'aime) les marchands de babouches, babouches d'argent, babouches d'or, que ne chausserait pas Cendrillon.»

Lorsqu'il quitte le Maroc en février 1922, il a la nostalgie du temps qui s'enfuit : « J'ai passé des jours de cafard au fond d'une baraque pourrie et je m'en souviens maintenant comme d'une vie pleine de poésie. » Rentré en France, mais toujours sous les drapeaux, il est muté comme apprenti pilote au camp d'Avord, puis à Villacoublay près de Versailles, où, en compagnie de Jean Escot, un camarade de promotion, il accumule les heures de vol.

Après trois mois passés dans le désert à souffrir de la sécheresse, Antoine vient se détendre à Saint-Maurice et retrouve, en compagnie de ses sœurs Simone (à gauche) et Gabrielle (à droite), les joies des baignades dans l'Ain.

En janvier 1923, il est victime d'un premier accident d'avion pendant un vol d'agrément au-dessus du terrain du Bourget. Il s'en sort avec des contusions importantes qui le feront souffrir pendant longtemps. Peu de temps après, il est démobilisé.

« Mon vieux, ma situation me dégoûte »

Rendu à la vie civile, Saint-Exupéry revient à Paris et mène, comme deux ans auparavant, une vie insouciante, d'autant plus qu'il est amoureux : il se fiance à Louise de Vilmorin, rencontrée avant son service militaire, et avec laquelle il partage des affinités littéraires. Mais la famille de cette dernière ne voit pas d'un très bon œil le futur pilote, qui, pour la satisfaire, doit s'orienter vers une autre carrière. Il entre alors aux tuileries de Boiron. Il y passe une année mortellement ennuyeuse, comptant les minutes qui le séparent du moment où il retrouvera sa liberté.

Il partage une chambre, boulevard d'Ornano, avec Jean Escot, qu'il a retrouvé par hasard, et emploie ses soirées à fréquenter les bars de Montparnasse (La Closerie des Lilas et La Rotonde) et de Saint-Germain-des-Prés (Les Deux-Magots et la Brasserie Lipp), dépensant son maigre pécule en quelques jours et vivant ensuite avec austérité.

A l'automne 1924, représentant en camions pour le compte des établissements Saurer, il commence par trois mois de stage dans les ateliers de mécanique, pour apprendre à démonter des moteurs. Début 1925, Saint-Exupéry sillonne les routes du centre de la France pour placer ses camions. « Ma vie est faite de virages, d'hôtels tous semblables et de la petite place de cette ville où les arbres ont l'air de balais. J'ai un peu le cafard, Paris est si loin. Je fais une cure de silence. » Cette vie monotone le lasse et c'est de lui-même qu'il quitte Saurer à la fin de la même année, n'ayant réussi à vendre qu'un seul camion. Ses fiançailles rompues, sans travail, sans but réel, il est très démoralisé.

CAFÉ RICHE
EUG. PAULEAU
MONTLUÇON, LE 192
Carissime

Dans cette lettre adressée à Jean Escot, Antoine raconte en dessins ses pérégrinations dans la France profonde pour vendre des camions.

Le 11 octobre 1923, Gabrielle, la sœur préférée d'Antoine, épouse Pierre d'Agay au château de Saint-Maurice-de-Rémens. Saint-Exupéry (deuxième à partir de la droite, au premier rang), très éprouvé par la récente rupture de ses fiançailles avec Louise de Vilmorin, n'arrive pas à surmonter la peine que lui cause cet échec.

« Il me faut rechercher tel que je suis dans ce que j'écris et qui est le résultat scrupuleux et réfléchi de ce que je pense et vois. Alors, dans la tranquillité de ma chambre ou d'un bistro, je peux me mettre en face avec moi-même et éviter toute formule, truquage littéraire et m'exprimer avec effort. Je me sens alors honnête et consciencieux. »

Saint-Exupéry,
Lettre à sa mère, 1925

CHAPITRE II
« COURRIER SUD »

Fondée en septembre 1918 et basée à Toulouse, la compagnie aérienne Latécoère est la plus ancienne du monde. Son fondateur, Pierre Latécoère, avait fait le pari de faire parvenir le courrier le plus rapidement possible à destination. « On écrit tous les jours. Le service n'a de sens que s'il est quotidien », avait-il coutume de dire.

Yvonne de Lestrange a perçu les dons littéraires de son cousin Antoine. Pleine d'indulgence pour ce jeune homme qui se cherche, elle lui conseille d'abandonner la poésie qu'il affectionne tant pour écrire des textes en prose, plus proches de la réalité.

«Si j'écrivais tous les jours, j'en serais heureux, car il en resterait quelque chose»

Chez elle, Antoine rencontre Jean Prévost, secrétaire de rédaction du *Navire d'argent*, la revue que publie la libraire Adrienne Monnier. «J'admirais beaucoup la force et la finesse avec lesquelles il décrivait ses impressions. Quand j'appris qu'il les avait notées. Je souhaitais vivement les lire.» Prévost porte ce jugement dans la préface de la première nouvelle de Saint-Exupéry, «L'Aviateur», qu'il publie en 1926.

Le 1er septembre 1919, Didier Daurat inaugure la ligne Toulouse-Casablanca aux commandes de l'un des trois Bréguet 14 prêts à franchir la Méditerranée. Datant de la Grande Guerre, cet appareil très fiable volait à 120 km/heure. Il avait l'avantage de ne tomber en panne que tous les 20 000 km; une simple clé à molette suffisait pour le réparer, assuraient les mécaniciens.

Mais Saint-Exupéry cherche toujours un travail rémunérateur car il pense qu'écrire est avant tout le résultat de l'expérience. En entrant à la Compagnie Aérienne Française, il passe son brevet de pilote de transports et gagne sa vie en promenant des passagers au-dessus de Paris. En juillet, il perd sa sœur Marie-Madeleine, atteinte de tuberculose. Enfermé dans son chagrin, il constate la fuite du temps et ressent la solitude que seule la présence d'une femme parviendrait à combler :
«Ce que je demande à une femme, c'est d'apaiser cette inquiétude. C'est pour cela qu'on en a tellement besoin».

Au cours ce même été, Saint-Exupéry retrouve l'abbé Sudour, son mentor de Bossuet, et lui demande de le recommander auprès de Beppo de Massimi, directeur général de la compagnie Latécoère. Massimi, qui le reçoit, est séduit par ce grand jeune homme timide dont le seul désir est de voler. Le 14 octobre, Antoine est convoqué à l'aéroport de Toulouse-Montaudran et doit se présenter à Didier Daurat, chef d'exploitation de la Compagnie.

Situé sur le passage du tram n° 10, qui menait à l'aérodrome de Montaudran, l'hôtel du Grand Balcon à Toulouse logeait les pilotes de Latécoère. Il était tenu par trois femmes célibataires, à qui Didier Daurat demandait de surveiller discrètement ses pilotes.

La chambre coûtait 4 francs par jour et le repas 2,50 francs. Mermoz, qui était «le chouchou de ces dames», ne payait que 5 francs de pension complète. Saint-Exupéry occupait, au quatrième étage, la chambre 32, à l'angle du bâtiment.

«J'ai appris qu'un retard, quel qu'il fût, était en soi déshonorant»

Saint-Exupéry débute sa carrière chez Latécoère en tant que mécanicien. Il loge à l'hôtel du Grand Balcon, où se retrouvent tous les pilotes, dont Mermoz et Guillaumet. Il rallie tous les matins l'aéroport de Montaudran avec le tram n° 10, vieil omnibus brinquebalant, charnière entre l'ennui vécu à terre et l'engouement des heures passées en plein ciel.

Après un test de pilotage que Daurat juge sans brio, Saint-Exupéry commence les vols d'essai sur des avions Bréguet. En intégrant la Compagnie, il trouve enfin un idéal : tout sacrifier au courrier, passer coûte que coûte quel que soit le temps, se sublimer soi-même pour être à l'heure. Saint-Exupéry, qui n'est pourtant pas un lève-tôt, apprécie les départs au petit matin et l'ambiance de solidarité autour du pilote.

Au bout de deux mois, il est enfin appelé à convoyer son premier avion de courrier pour Alicante. La veille du grand jour, il demande à Guillaumet des conseils pour le vol du lendemain. Déployant ses cartes, ce dernier lui donne une mémorable leçon de géographie. «Peu à peu l'Espagne de ma carte devenait sous ma lampe un pays de conte de fées. Je balisais d'une croix les refuges et les pièges. Je balisais ce fermier, ce ruisseau, ces trente moutons. Je portais à sa place exacte cette bergère qu'avaient négligée les géographes.»

«C'est délicieux d'atterrir, après on s'ennuie»

Pendant six mois, Saint-Exupéry assure les courriers de la ligne Toulouse-Casablanca, puis Casablanca-Dakar. Son premier vol vers l'Afrique, effectué avec le pilote Riguelle, se termine sur les sables du

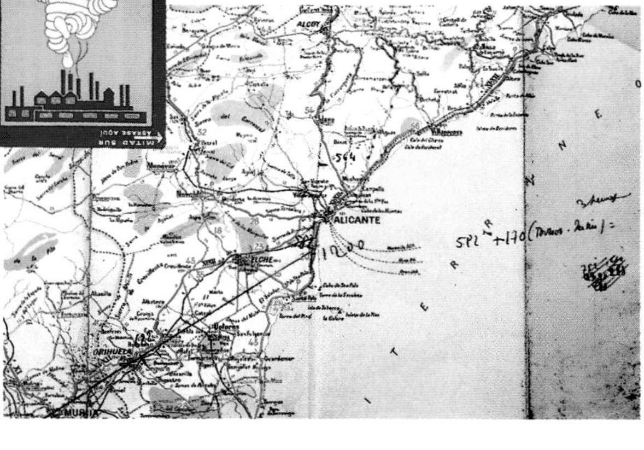

"Alicante est le point le plus chaud d'Europe, le seul où mûrissent les dattes. Je me promène sans manteau, étonné de cette nuit des «Mille et Une Nuits», des palmiers, des étoiles tièdes et d'une mer si discrète qu'on ne l'entend pas, qu'on ne la voit pas, qui évente à peine.**"**

Alicante : dernière escale des avions avant la traversée de la Méditerranée. Les pilotes s'y restaurent à l'auberge de Pépita.

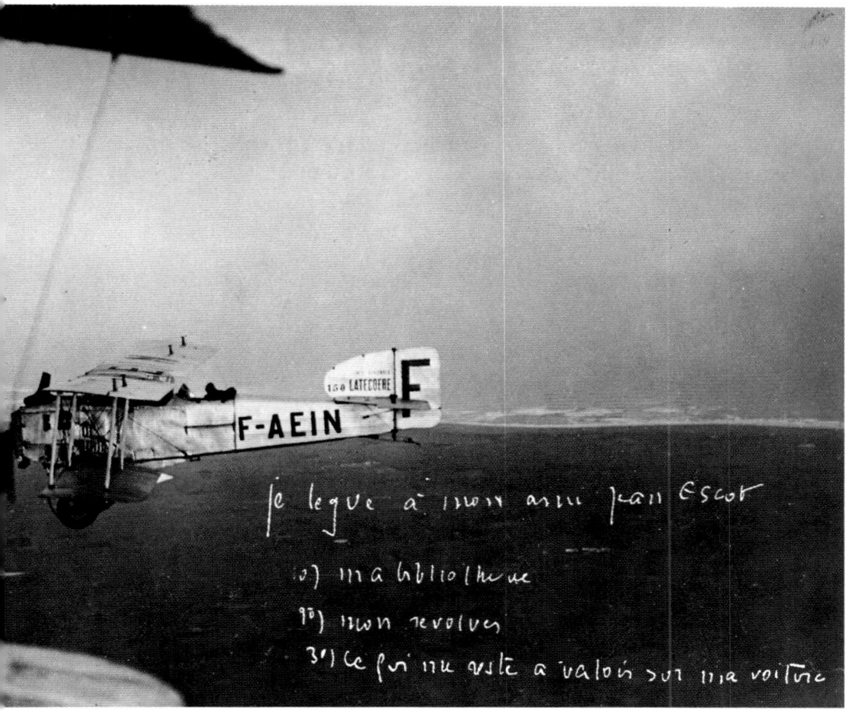
LATECOERE
F
F-AEIN
je lègue à mon ami Jean Escot
1°) ma bibliothèque
2°) mon revolver
3°) ce qui me reste à valoir sur ma voiture
le 17 mai 1926
Antoine de Saint Exupéry

désert. L'incident est dû à une rupture de bielle. Dans l'avion accompagnateur se trouve Guillaumet. Les trois pilotes ne pouvant monter ensemble dans le Bréguet, qui contient aussi le courrier, Saint-Exupéry est laissé sur place, avec deux pistolets. C'est alors qu'il fait connaissance avec la vraie solitude. Attentif aux mille bruits du désert, il passe une nuit à la belle étoile en gardant son avion. Le lendemain, ses compagnons viennent le rechercher et l'emmènent dans le fortin qui se dresse à quelques kilomètres... où veille un sergent français avec une compagnie de Sénégalais. Le récit qu'il fera de cette nuit apparaîtra dans deux de ses livres (*Courrier Sud* et *Terre des hommes*).

Tous les courriers au-dessus du Sahara étaient assurés par deux avions Bréguet 14 mono-moteur, datant de la guerre, dont les moteurs étaient peu fiables. Les pilotes accompagnés d'un interprète maure volaient de conserve, ce qui donnait aux équipages, en cas de panne, une impression relative de sécurité.

Enthousiasmé par ses vols, Saint-Exupéry supporte de moins en moins la vie à terre, surtout à Dakar, ville grise qui suinte l'humidité. Il transporte le courrier le long de la côte : Port-Etienne, Cap-Juby, Villa Cisneros, Dakar sont les escales où, à son grand malheur, il doit atterrir. Alors, afin de prolonger ses sensations de vol, il écrit souvent à sa famille pour lui raconter ses voyages.

«La nuit, je ne suis pas semblable»

Saint-Exupéry appréhende la nuit et les angoisses qu'elle fait naître, la veille d'un départ. Déjà, enfant, la crainte de s'enfermer dans le sommeil le tenaillait, et la seule chose qui le rassurait, c'était le petit poêle qui ronronnait dans la chambre de Saint-Maurice. Une fois adulte, il se retrouve confronté à ses craintes. Il pilote quelques fois plusieurs jours de suite, enchanté d'échapper à la routine, et quand il revient, épuisé, de ses courses, il avoue : «Je suis le jouet des vents et je rêve de linge blanc, d'eau de Cologne, de salle de bains... J'ai besoin de me faire repasser. Je suis plein d'huile et tout fripé par la fatigue.» Après une année au service du courrier, le 19 octobre 1927, Saint-Exupéry est nommé chef d'aéroplace à Cap-Juby.

Toulouse 1925 : les dirigeants de l'Aéropostale présentent le parcours de la ligne Toulouse-Port-Etienne. Les Bréguet 14 n'ayant qu'une autonomie de 450 km, le trajet doit se faire en différentes étapes : Toulouse, Barcelone, Alicante, Agadir, Cap-Juby, Villa Cisneros et Port-Etienne.

«Je fais un métier d'aviateur, d'explorateur et d'ambassadeur»

Cap-Juby, en Mauritanie, est une escale stratégique sur la ligne du courrier Toulouse-Dakar. Les Bréguet 14, qui n'ont pas une autonomie suffisante pour faire le trajet en une seule traite, s'y posent pour se ravitailler en carburant. Mais Cap-Juby est aussi un territoire espagnol, tenu par le colonel de la Peña. En y envoyant Saint-Exupéry, Daurat escompte que l'hidalgo verra en ce dernier un pair et non un espion. La mission de Saint-Exupéry consiste à établir un

Saint-Exupéry (ci-contre) à Cap-Juby, en compagnie du colonel de la Peña. Celui-ci commande le fort, colonie espagnole en plein Sahara; il est chargé de tenir en respect les Maures dissidents, qui refusent de voir leur pays envahi par des étrangers.

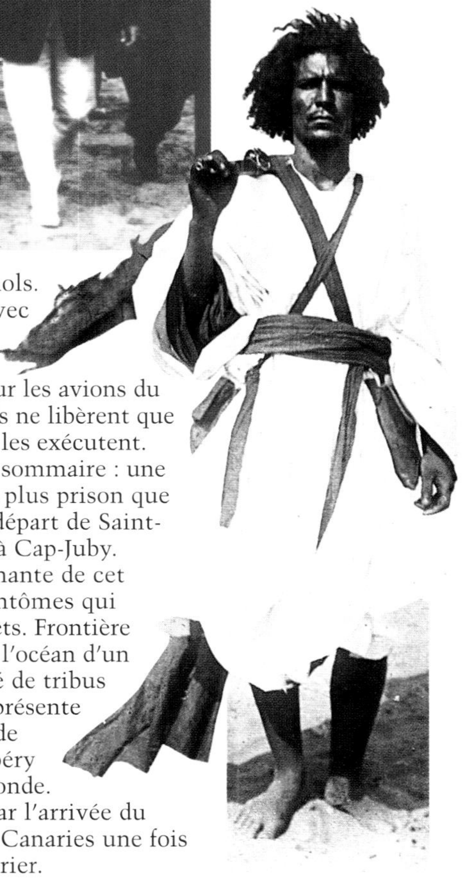

lien entre les Maures et les Espagnols. Il doit surtout entrer en relation avec les tribus dissidentes, les Aït Oussa, les Aït Gout et les redoutables R'Gueïbat, qui tirent sur les avions du courrier, capturent les pilotes, qu'ils ne libèrent que moyennant rançon, ou quelquefois les exécutent. Le campement du chef d'escale est sommaire : une baraque adossée au fort, lui-même plus prison que garnison. Quelques mois après le départ de Saint-Exupéry, Joseph Kessel fait escale à Cap-Juby. Il donnera une description hallucinante de cet avant-poste du désert peuplé de fantômes qui tuent le temps en jouant aux osselets. Frontière minuscule entre deux immensités, l'océan d'un côté et le désert de l'autre, entouré de tribus plus ou moins pacifistes, le fort représente le seul point «civilisé» au milieu de nulle part. Et pourtant, Saint-Exupéry est heureux loin des vanités du monde.

La vie à Cap-Juby est rythmée par l'arrivée du bateau de ravitaillement venu des Canaries une fois par mois, et par le passage du courrier.

Une «vie de moine»

“C'est d'un dépouillement total. Un lit fait d'une planche et d'une paillasse maigre, une cuvette, un pot à eau. J'oublie les bibelots : la machine à écrire et les papiers de l'Aéropostale! Une chambre de monastère.”

“Quelle vie de moine je mène dans le coin le plus perdu de toute l'Afrique en plein Sahara espagnol. Un fort sur la plage, notre baraque s'y adosse et plus rien pendant des kilomètres et des kilomètres. La mer, à l'heure des marées, nous baigne complètement. [...] L'autre façade donne sur le désert.”

Impressions d'Afrique

Pilote débutant sur la ligne Casablanca-Dakar, à la mi-janvier 1927, Saint-Exupéry se déclare très déçu par Dakar : «Ce n'est pas la peine d'aller chercher au fond de l'Afrique une vague banlieue lyonnaise.» Il y fait deux séjours forcés, l'un parce que son avion est en panne, le second parce qu'il a attrapé la fièvre dengue et passe trois semaines à l'hôpital. Il prend alors toute une série de photographies de la ville et de ses environs. Les femmes noires serviront de modèles pour les pastels de vierges noires que peindra plus tard sa mère.

Si les avions n'ont pas atteint l'escale suivante, Saint-Exupéry part à la recherche de ceux qui, victimes d'une avarie, ont dû atterrir dans le désert.

«C'est mon rôle ici d'apprivoiser. Ça me va, c'est un joli mot»

Les contacts se font par le biais des enfants, et les adultes suivent. Pour se rapprocher des populations, Saint-Exupéry se met à apprendre l'arabe. Il partage le thé sous la tente des chefs maures, en pays dissident à quelques kilomètres du fort. Il se donne pour compagnons des gazelles, un caméléon, un fennec. Malgré la solitude, il se sent dans son élément et comble ses nuits d'insomnie en entamant l'écriture d'un livre. Au bout de quelques mois, l'inaction recommence à lui peser et, lui qui trouvait tant de charme au calme du désert, il se met à se plaindre de tout : du sable qui se faufile partout, de la cruauté des Maures, du silence, du vent qui souffle sans répit. Cette monotonie est interrompue par quelques vols vers Casablanca ou Dakar. Il a alors l'impression d'atteindre le paradis.

Le 29 juin 1928, le pilote Reine et son radio, Serre, tombent en panne dans le désert et sont faits prisonniers par les N'Gueïbat, qui les libéreront contre rançon. «Les Maures demandent pour les rendre un million de fusils, un million de pesetas, un million de chameaux (un rien!)», écrit Antoine à sa sœur Gabrielle. Le 17 septembre, sans en avertir ses supérieurs, Saint-Exupéry fait, en vain, une tentative pour les libérer. Après quatre mois de captivité, fin octobre, les pilotes sont enfin restitués aux autorités et ramenés en bateau à Cap-Juby (ci-dessus).

Entre juillet et novembre 1928, Saint-Exupéry effectue quatre sauvetages : celui du pilote Riguelle, dont l'appareil sera dépanné grâce à un chariot fabriqué sur place et tiré par des dromadaires; celui de Reine et Serre, retenus prisonniers pendant quatre mois par des tribus maures; celui du lieutenant espagnol Vallejo et de son interprète; celui enfin de Vidal, envoyé pour le remplacer. Saint-Exupéry rentre en France en mars 1929 avec «un bouquin de cent soixante-dix pages dont il ne sait que penser». Le livre paraîtra en juillet 1929 sous le titre de *Courrier Sud*.

Sur le bateau qui le ramène à Marseille, Saint-Exupéry a déjà la nostalgie du désert. «J'ai vécu trois années dans le Sahara. Quiconque a connu la vie saharienne, où tout en apparence n'est que solitude et dénuement, pleure cependant ces années-là, comme les plus belles qu'il ait vécues.»

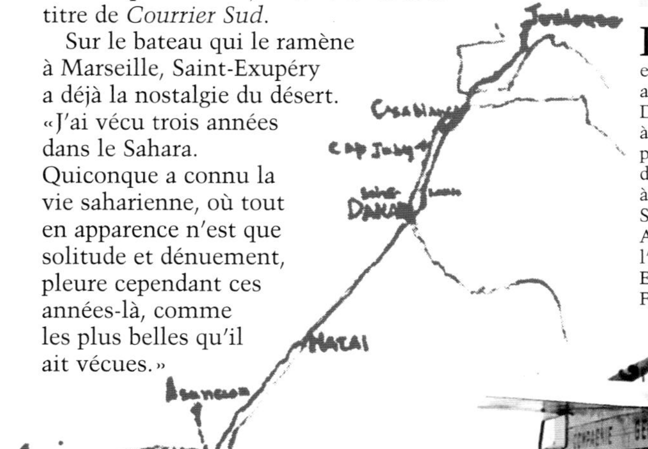

Didier Daurat (1891-1969, ci-dessous) entre chez Latécoère après la guerre. Directeur d'exploitation à Toulouse, il a le premier l'idée d'acheminer le courrier à travers l'Atlantique Sud. Envoyé en Argentine par l'Aéropostale, Saint-Exupéry n'est pas en France pour assister au succès de *Courrier Sud.*

Après quelques jours de vacances chez sa sœur Gabrielle à Agay, il repart pour Brest suivre des cours de navigation aérienne. En septembre, invité à rejoindre en Argentine Mermoz et Guillaumet qui, sous la direction de Didier Daurat, travaillent à la mise en service des lignes postales aériennes, il s'embarque pour l'Amérique du Sud.

« Je suis directeur de l'exploitation de la compagnie Aeroposta Argentina, filiale de l'Aéropostale et créée pour les lignes intérieures. J'ai un réseau de trois mille huit cents kilomètres qui me suce seconde par seconde tout ce qui me reste de jeunesse et de liberté bien aimée. »

Saint-Exupéry,
Lettre à Rinette

CHAPITRE III
« VOL DE NUIT »

Publié en 1931, *Vol de nuit* n'est pas seulement un succès littéraire. En 1933, les frères Guerlain sortent un nouveau parfum : un peu épicé, un rien effronté pour l'époque, il est présenté dans un flacon carré aux angles rabattus et sculpté d'un faisceau d'hélices en rotation, fermé par un bouchon, carré lui aussi. Dédié à Saint-Exupéry et à ses collègues de l'Aéropostale, il est baptisé « Vol de Nuit ».

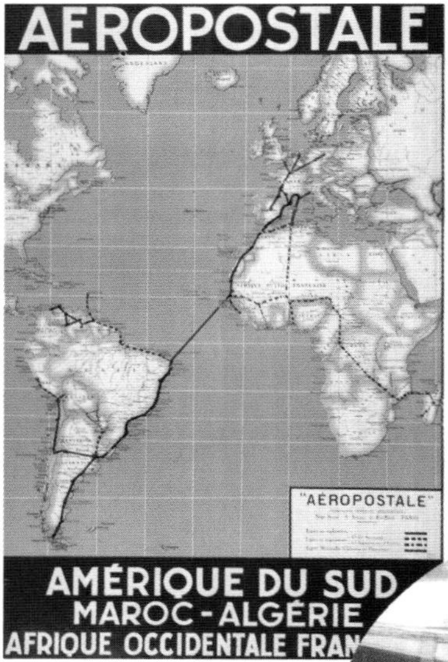

En quittant la France, en octobre 1929, Saint-Exupéry est angoissé comme à chacun des changements de sa vie. Il n'aime pas vraiment l'inconnu et aurait souhaité que, pour le soutenir, tous ses amis l'accompagnent au bateau.

Mermoz effectue, le 12 mai 1930, depuis Dakar, la première traversée de l'Atlantique Sud, «et le courrier, dès 1931, fut transporté pour la première fois en quatre jours de Toulouse à Buenos Aires». Sur le continent sud-américain, sillonnant les régions les plus lointaines, l'Aéropostale apporte le courrier dans des «petites villes perdues que nous rapprochions tout d'un coup de la vie du monde».

«Et aucun n'était à ce rendez-vous que je leur avait donné un peu trop en silence.» A Bordeaux, à l'heure des adieux, seule Yvonne de Lestrange est présente, heureuse de lui donner de bonnes nouvelles de *Courrier Sud*; elle l'incite à écrire un nouveau roman. La traversée dure dix-huit jours, rendue très gaie par la compagnie de jeunes filles pour qui Saint-Exupéry, retrouvant ses quinze ans, organise des jeux sous l'œil vigilant de leurs mères.

«C'était la belle époque de l'Aéropostale»

A Buenos Aires, Mermoz, Guillaumet et Reine l'accueillent chaleureusement, ravis de retrouver leur compagnon après dix-huit mois d'absence. Entre le désert de Cap-Juby et la vie grouillante d'une capitale de deux millions d'habitants, le contraste est flagrant, et pas toujours en faveur de la civilisation. Saint-Exupéry s'installe dans un appartement

Témoin du mariage de Noëlle et Henri Guillaumet, fin 1929, Saint-Exupéry voit beaucoup le jeune couple au cours de son séjour argentin. Une fois leurs missions au-dessus des Andes accomplies, les deux pilotes aiment s'amuser, comme ici au Luna Park de Buenos Aires, où ils se font photographier aux commandes d'un avion peint en trompe l'œil.

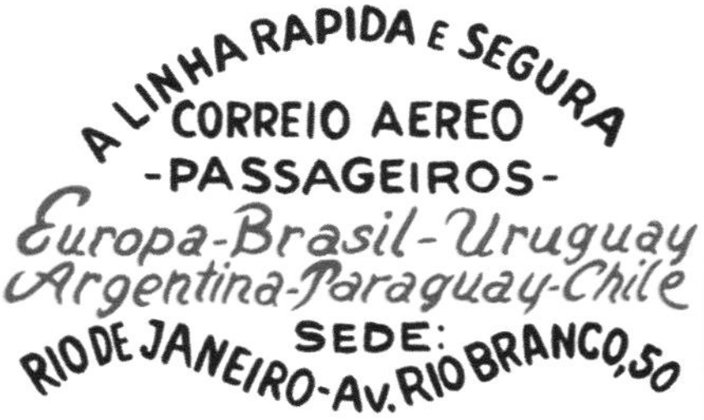

bruyant au centre de la ville. Pour la première fois de sa vie, il gagne beaucoup d'argent. Il peut enfin aider sa mère qui a tant fait pour lui. Lui qui méprise l'argent tout en ne pouvant s'en passer en fait profiter ses amis sitôt qu'il en possède un peu. Il s'achète des objets qui ne lui servent à rien, encombrent son appartement et ne font qu'ajouter au désordre ambiant.

Saint-Exupéry n'aime pas la ville, qu'il trouve sans intérêt, et se console en pilotant. Il crée la ligne de Patagonie entre Comodoro Rivadavia et Punta Arenas, point le plus méridional de la cordillère des Andes, fait des tournées d'inspection, des vols de reconnaissance, des raids jusqu'en Terre de Feu. Jamais il n'a autant volé. Les paysages qu'il découvre l'enchantent : les Andes et leurs pics enneigés succèdent à la Pampa où de minuscules villages lui font ressentir la petitesse de l'homme au milieu de ces immensités.

Entre deux missions, Saint-Exupéry s'est remis à écrire. « Maintenant, j'écris un livre sur le vol de nuit. Mais dans mon sens intime, c'est un livre sur la nuit (je n'ai jamais vécu qu'après neuf heures du soir). »

Ses amis étonnés se demandent comment il fait pour mener de front autant d'activités. C'est dans l'action que Saint-Exupéry se réalise, ensuite, il s'ennuie.

«La gloire, elle vous laisse d'abord tellement seul»

L'année 1930 commence bien pour Saint-Exupéry. Peu après la parution de *Courrier Sud*, il apprend qu'il est fait chevalier de la Légion d'honneur au titre de l'Aéronautique civile, pour les services rendus à Juby. On rencontre Saint-Exupéry tard le soir dans les restaurants, les boîtes de nuit, pas très à l'aise pour bouger son grand corps d'ours, et même

Nᵒ 73. R. Argentina Remate en el Campo

quelquefois assis à l'écart, lisant au milieu de la musique assourdissante, tandis que les couples évoluent sur la piste.

Eternel insomniaque, il a trouvé auprès de Paul Dony, trésorier principal de l'Aéropostale à Buenos Aires, un nouveau cobaye à qui lire ses écrits. Comme il le faisait enfant avec sa mère, puis plus tard avec ses amis à Paris, il réveille Dony en pleine nuit et lui demande comment il trouve sa prose.

Des pics neigeux des Andes aux plaines immenses presque inhabitées, découvrant, du ciel, l'alternance des paysages, Antoine compare le pilote aux bergers de Patagonie : «Il allait d'une ville à l'autre, il était le berger des petites villes. Toutes les deux heures, il en rencontrait qui venaient boire au bord des fleuves ou qui broutaient leur plaine. Quelquefois, après cent kilomètres de plaines inhabitées, il croisait une ferme perdue et qui semblait emporter en arrière, dans une houle de prairies, sa charge de vies humaines, alors, il saluait des ailes ce navire.»

«Buenos Aires est une ville odieuse, sans charme, sans ressources, sans rien», écrit Saint-Exupéry à sa mère, fin octobre 1929. Succédant à la solitude de Cap-Juby, la cité bruyante et tentaculaire le rebute. «Je me demande comment le printemps peut percer à travers ces milliers de mètres cubes de béton. Je pense qu'au printemps, un géranium en pot sur la fenêtre crève.»

Malgré un réseau amical important, Saint-Exupéry se sent très seul : ses lettres sont empreintes de nostalgie du temps qui passe; il est toujours à la recherche de la présence féminine qui comblera sa solitude («Je fais une cour monotone à des Colette, à des Paulette, à des Suzy, à des Daisy, à des Gaby, qui sont faites en série et m'ennuient au bout de deux heures. Ce sont des salles d'attente»).

Heureusement, son métier l'occupe beaucoup. Créant des ponts aériens entre des petites villes isolées et Buenos Aires, il est considéré par leurs élus comme un chevalier des temps modernes. Partout où il pose son avion, on l'accueille comme un ami. Il relatera dans *Terre des hommes* quelques soirées dans la Pampa, où deux petites filles au regard espiègle, qui chuchotent à table, lui rappellent les joyeux dîners codés de Saint-Maurice.

AEROPOSTALE

«Ce que j'ai fait, je te le jure, aucune bête ne l'aurait fait»

En juin, à bord de son Potez 25, Guillaumet se perd dans les Andes. Saint-Exupéry rejoint immédiatement le pilote Deley à Mendoza et pendant cinq jours, sans arrêt, malgré un climat défavorable, ils fouillent en vain les montagnes.

Les contrebandiers eux-mêmes refusent de s'aventurer, prétextant que les Andes ne rendent jamais ce qu'elles prennent. Pourtant, au bout d'une semaine, c'est le miracle : Guillaumet a été retrouvé.

Sitôt qu'il apprend la nouvelle, Saint-Exupéry part chercher le rescapé qui a marché cinq jours dans la neige pour ne pas se laisser mourir de froid. Convaincu qu'il allait mourir, Guillaumet avait tenté désespérément de se rapprocher de la civilisation. Il fallait que l'on retrouve son corps afin que sa jeune veuve puisse toucher la prime d'assurance. Pas de corps, pas de prime, stipulait le contrat. A son retour à Mendoza, il est accueilli en héros par une foule en délire. Son aventure est à la une des journaux, ses exploits ont fait le tour du pays. Une chanson a même été composée en son honneur et elle fait aujourd'hui partie du folklore chilien.

Ce n'est que sept ans plus tard que Saint-Exupéry, qui a écouté des centaines de fois le récit de son compagnon, le transcrira dans *Terre des hommes*. Avec les mots de l'écrivain, la prouesse de Guillaumet est entrée dans la légende.

❝L'un et l'autre, cinq jours durant, nous fouillâmes en avion cet amoncellement de montagnes, mais sans rien découvrir. Nous avions perdu tout espoir. Les contrebandiers [ci-dessous] nous refusaient d'aventurer des caravanes de secours : «Les Andes en hiver ne rendent point les hommes.» Et lorsque, de nouveau, je me glissais entre les murs et les piliers géants des Andes, il me semblait, non plus te rechercher, mais veiller ton corps en silence, dans une cathédrale de neige.❞

Pendant ce temps, Guillaumet marchait, taraudé par l'idée que sa femme et ses camarades croyaient en son retour. Après la joie des retrouvailles et quelques jours de repos, Guillaumet repart avec une équipe de secours pour récupérer l'appareil qui s'était renversé sur le dos. Une fois redressé et remis en état, l'avion est rapatrié à Mendoza.

«Un Russe m'a prédit un mariage prochain avec une jeune veuve»

L'auteur Benjamin Crémieux, en séjour à Buenos Aires pour une série de conférences, présente Saint-Exupéry à Consuelo Suncín, veuve de l'écrivain argentin Gomez Carrillo. Consuelo est une petite personne fantasque et capricieuse. Mais elle a beaucoup d'humour, elle peint, écrit et sculpte. De plus elle est fort jolie. Saint-Exupéry est subjugué par cette jeune femme anticonformiste qui devient très vite sa maîtresse.

«Je n'ai jamais oublié de quel œil Saint-Ex la regardait. Elle l'attendrissait, si fragile, si petite, si insupportable qu'il lui prenait des envies de la corriger – et je crois qu'il n'y manquait pas –, elle le surprenait, le fascinait, bref, il l'adorait. Cet oiseau ne tenait pas en place. Il se perchait au gré de sa fantaisie sur ce gros ours en peluche, ce gros ours volant de Saint-Ex. Ils avaient l'air de sortir d'un dessin très animé de Walt Disney» (Henri Jeanson). Avec elle, Saint-Exupéry retrouve la fantaisie de son enfance, et surtout une personne qui ne veut pas grandir, multipliant les caprices sans en avoir honte.

Consuelo Suncín fait la connaissance de Saint-Exupéry à la fin de l'année 1930. Selon les personnes à qui elle raconte leur rencontre, on peut entendre différentes versions, toutes tournant cependant autour d'un voyage en avion. Très coquette, Consuelo fait volontiers croire qu'elle n'avait que vingt ans à cette époque-là, alors qu'elle comptait dix bonnes années de plus...

«J'ai un peu envie de me marier et d'avoir des enfants aussi charmants que le tien»

Ce n'était certainement pas la femme qui allait lui apporter la sérénité auquel il aspirait, mais elle l'amusait, le sortait du train-train de la vie à terre. En décembre, alors que madame de Saint-Exupéry, qui vient rendre visite à son fils, est en route pour Buenos Aires, Consuelo retourne en France dans sa propriété de Cimiez au-dessus de Nice. Les bateaux des deux femmes se croisent sur l'océan.

Saint-Exupéry rentre en France en janvier 1931 pour une période de vacances de deux mois, avec dans ses bagages le manuscrit de *Vol de nuit*. Il le remet à Gaston Gallimard après l'avoir fait lire à André Gide qui, très ému par le texte, lui propose d'en écrire la préface. Saint-Exupéry passe ses vacances entre Agay et Nice, où Consuelo et lui mènent grand train. Sous la pression de sa mère, Antoine épouse religieusement Consuelo à Agay le 12 avril 1931, puis civilement à Nice le 22.

C'est chez sa sœur Gabrielle d'Agay que Saint-Exupéry épouse Consuelo, le 12 avril 1931. L'office religieux est célébré par l'abbé Sudour. Après la cérémonie, les jeunes mariés sont photographiés en compagnie de leurs enfants d'honneur : François, Marie-Madeleine et Mireille d'Agay, un peu gauches dans leurs habits de fête, sans oublier le pékinois Youti, dont les yeux globuleux impressionnent les enfants. Un déjeuner au restaurant des Roches Rouges, à Anthéor, réunit ensuite la famille.

1re Année - N° 2
CHAQUE SAMEDI
L'HEBDOMADAIRE DU REPORTAGE
4 Avril 1931
16 PAGES - 1 fr
VOILA
COURRIER-SUD

A la suite du krach de Wall Street en 1929 et de la révolution brésilienne d'octobre 1930, trois des banques du propriétaire de l'Aéropostale, Marcel Bouilloux-Laffont, se retrouvent en faillite et les comptes de la société mis en examen. Le gouvernement, qui avait jusque-là subventionné la compagnie, lui coupe les crédits, estimant qu'elle n'a pas su les employer à dessein. L'Aéropostale dépose le bilan, ce qui entraîne le licenciement d'une partie du personnel, un retard de paiement des salaires et une vaste campagne de diffamation dont font les frais Didier Daurat et Beppo de Massimi, le directeur général (ci-dessous).

A la suite d'un scandale politico-financier, l'Aéropostale est mise en liquidation judiciaire. Solidaire de Daurat et de Beppo de Massimi qui ont démissionné, Saint-Exupéry ne retourne pas en Amérique du Sud. Il assure alors le courrier de nuit entre Casablanca et Port-Etienne. *Vol de nuit*, paru en automne, obtient le Prix Fémina, déclenchant des jalousies dans deux camps : d'un côté, les écrivains, qui n'apprécient pas qu'un homme aux mains pleines d'huile se mette en concurrence avec eux; de l'autre, les pilotes, qui reprochent à Saint-Exupéry d'avoir dérogé à la règle de l'anonymat fixée par Daurat. Aussitôt traduit en anglais, les Américains séduits en font un film, *Night Flight*, avec Clark Gable en vedette.

Vol de nuit au cinéma (ci-contre, Clark Gable) remporte un énorme succès tant aux Etats-Unis qu'en France. La première a lieu, en mars 1934, à l'Ermitage, puis le film se donne aux Ursulines, où il restera dix ans à l'affiche.

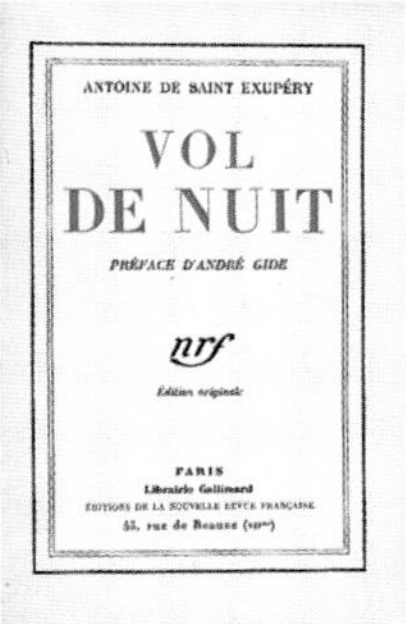

Dans une lettre à Guillaumet, Saint-Exupéry exprime son amertume de se voir rejeté des pilotes. «Parce que j'avais écris ce malheureux livre, j'ai été condamné à la misère et à l'inimitié de mes camarades. Mermoz te dira quelle réputation ceux qui ne m'ont plus vu et que j'aimais tant m'ont peu à peu faite. On te dira combien je suis prétentieux. Et pas un, de Toulouse à Dakar, qui en doute. [...] Alors toute la vie est gâtée si les meilleurs camarades se sont faits cette image de moi, et s'il est devenu un scandale que je pilote sur les lignes après le crime que j'ai commis en écrivant *Vol de nuit*.»

« Nous sommes solidaires, emportés par la même planète, équipages d'un même navire. Et s'il est bon que des civilisations s'opposent pour favoriser des synthèses nouvelles, il est monstrueux qu'elles s'entre-dévorent. »

Saint-Exupéry,
Terre des hommes

CHAPITRE IV

« TERRE DES HOMMES »

Loin d'être un roman, *Terre des hommes* rassemble divers moments de la vie de Saint-Exupéry, étalés sur huit années, de l'épopée saharienne à la guerre d'Espagne, en passant par le survol des Andes pour retrouver Guillaumet et par l'épisode de son accident dans le désert de Libye (à gauche). Le livre sera néanmoins couronné en tant que roman par l'Académie française.

En décembre 1931, Antoine passe un dernier Noël à Saint-Maurice en compagnie de sa mère et de Consuelo. La maison familiale est devenue une trop lourde charge pour madame de Saint-Exupéry. Simone, célibataire, vit à Saïgon. Gabrielle, mariée dans le midi, a une grande maison à entretenir. Antoine, lui, est toujours en partance. Consuelo n'est pas une femme d'intérieur prête à continuer les rites; capable de déménager en quelques heures, elle est aussi nomade que son mari. Saint-Exupéry réalise que toute une partie de sa vie s'éloigne, tout en estimant que ce qui importe, c'est ce que l'on a vécu dans une maison, et non la possession d'une coquille vide : «Je n'ai jamais mieux aimé ma maison que dans le Sahara.» Ses souvenirs d'enfance, à jamais gravés dans sa mémoire, n'en seront qu'embellis. La maison, vendue à la Ville de Lyon, se transforme en internat. Le parc servira de terrain de jeux à d'autres enfants, qui se créeront eux aussi des souvenirs inoubliables. Piètre consolation!

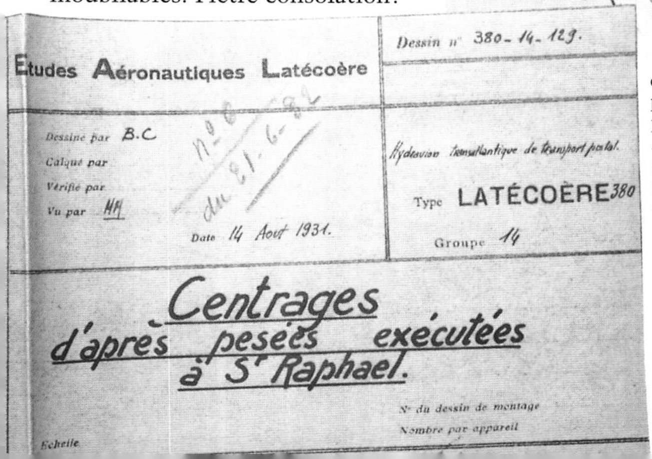
Dessin n° 380-14-129.

Etudes Aéronautiques Latécoère

Dessiné par B.C
Calqué par
Vérifié par
Vu par MH
Date 14 Aout 1931.

Hydravion transatlantique de transport postal.

Type LATÉCOÈRE 380
Groupe 14

Centrages d'après pesées exécutées à St Raphael.

N° du dessin de montage
Nombre par appareil
Echelle

Le 30 août 1933, l'Aéropostale et trois autres compagnies aériennes privées sont réunies en une seule société, provisoire, détenue pour un quart par l'Etat, et qui ne va pas tarder à devenir Air France. Malgré ses demandes réitérées au ministère de l'Air, malgré l'appui de Mermoz, qui plaide en faveur de son compagnon, pour des raisons administratives sans valeur, Saint-Exupéry voit se fermer les portes de la nouvelle compagnie.

A la dérive

Pendant plusieurs années, Saint-Exupéry pilote de façon intermittente. En 1932, reprenant du service à l'Aéropostale, il navigue entre Marseille et Alger. Il part ensuite pour le Maroc, où il convoie le courrier jusqu'à Dakar et retrouve le plaisir des traversées en solitaire. Il passe aussi quelque temps à la base de Perpignan pour faire des essais sur hydravions. Mais il est insatisfait de lui-même et de la morne vie qu'il mène après son travail. Un accident dans la baie de Saint-Raphaël, au cours duquel il échappe de peu à la noyade, met fin à sa carrière de pilote d'essai.

La base de Saint-Laurent-de-la-Salanque équipe les Laté 290 de flotteurs. Les essais d'hydravion (page de gauche, en bas) ont lieu ensuite sur l'étang voisin. C'est en transportant un ingénieur technique de l'état-major venu de Paris pour vérifier les performances de l'avion que Saint-Exupéry a un accident en baie de Saint-Raphaël.

Il pose sa candidature à la fondation d'Air France en 1933, mais il est évincé par certains pilotes, jaloux de sa célébrité. Il y entrera quand même l'année suivante, au service de la Propagande. Saint-Exupéry part, le 12 juillet, en mission à Saïgon, où il retrouve sa sœur Simone, qui occupe un poste à la Direction des archives et bibliothèques de l'Indochine. Il prévoit d'aller visiter Angkor, mais son hydravion tombe en panne de moteur et il doit amerrir sur le Mékong.

Dans *Vol de nuit*, Saint-Exupéry mêle l'action à la contemplation des paysages qu'il a survolés lors de ses missions. Les dialogues, proches des scripts de cinéma, font du roman une œuvre originale, bâtie à la manière d'un scénario.

Il revient en France, un mois après son départ, malade et désabusé.

En 1934, Saint-Exupéry écrit plusieurs articles pour *Air France Revue*, dont un seul sera signé de son nom. Jusqu'à la guerre et entre deux missions, on le retrouve parisien. Sa seule adresse fixe est au carrefour de la rue de Rennes et du boulevard Saint-Germain : aux Deux-Magots l'après-midi et chez Lipp le soir. Il donne ses rendez-vous, selon son humeur, dans les cafés de Montparnasse, du Quartier latin ou des Champs-Elysées. Il y retrouve ses amis Henri Jeanson, Léon-Paul Fargue, Blaise Cendrars, Léon Werth, Henri Guillaumet, Jean Mermoz, Jean Escot. Les grandes discussions politiques ou philosophiques les mènent jusqu'aux premières lueurs du jour; alors tout le monde se quitte pour recommencer de plus belle le lendemain.

Avant de partir en reportage à Moscou, Saint-Exupéry fait la connaissance du prince Alexandre Makinsky, Russe blanc émigré, qui, choqué par son ignorance des événements les plus récents survenus dans son pays, lui fait un véritable cours d'histoire russe. Saint-Ex aura dès lors un autre regard que nombre d'intellectuels français un peu candides qui se font un devoir d'aller visiter la Russie et de témoigner de ce qui s'y passe.

Moscou ! Mais où est la Révolution ?

(*De notre envoyé spécial Antoine de SAINT-EXUPERY*)

«Moscou, installée au cœur de ses éclaboussures»

Adolescent, Saint-Exupéry avait été un lecteur fervent de Dostoïevski, découvrant dans ses romans les tréfonds ambigus de l'âme russe. Il a lu le *Manifeste* de Marx; il est tenté par sa doctrine économique.

En 1935, l'URSS subit le totalitarisme de Staline. Malgré les révoltes paysannes et les résultats inégaux de la planification, la popularité du «petit père des peuples» est à son comble. Saint-Exupéry part, fin avril, couvrir, pour *Paris-Soir*, un reportage sur les cérémonies du 1er mai à Moscou. Accueilli de façon grandiose, il comprend les équivoques du système stalinien lorsque, n'ayant pas de laissez-passer, il se voit interdire l'approche de la Place Rouge. Il doit déjouer la surveillance des gardiens pour sortir de son hôtel et partir à la rencontre du peuple russe embrigadé par le Parti. Pourtant, dès qu'un air de

Ce n'est pas en tant que reporter que Saint-Exupéry écrit ses articles lors de son voyage en URSS, mais plutôt comme chroniqueur des petites gens. S'il passe sous silence les événements en cours, il est ému par les vieilles gouvernantes françaises qui vivent de leurs souvenirs dans de petits appartements en plein cœur de Moscou et se disputent la faveur de recevoir chez elles, pour la première fois depuis trente ans, un jeune compatriote en visite.

Sous le grondement de mille avions

MOSCOU TOUT ENTIÈRE a célébré la Fête de la Révolution

Sur des kilomètres, la foule progressait vers la place Rouge comme une lave noire

DANS UN RAYON DE MILLE MÈTRES AUTOUR DE STALINE, NUL NE POUVAIT SE FAUFILER SI SON IDENTITÉ N'AVAIT ÉTÉ CONTROLÉE

(De notre envoyé spécial Antoine de SAINT-EXUPERY)

Saint-Exupéry se fait comme toujours un peu attendre pour rendre ses écrits. Une fois ses articles rédigés, il les téléphone à Paris à une secrétaire qui les prend en sténo. Voyant un jour son employée en larmes, le rédacteur en chef s'inquiète de ce qui a pu arriver à l'auteur. Mais la jeune femme explique qu'elle est tellement émue par la beauté des textes du reporter qu'elle ne peut s'empêcher de pleurer au fur et à mesure qu'elle les retranscrit.

musique les appelle, les Russes savent, le temps de quelques mesures, tourner une manifestation en un joyeux bal populaire et rentrer docilement dans le rang pour défiler devant leur «sauveur».

«Anne Marie»

Six articles paraissent entre le 13 et le 22 mai 1935, relatant le voyage de Saint-Exupéry à Moscou. Hormis le premier, véritable reportage sur les défilés du 1er Mai, les autres racontent ses impressions et découvertes : la description d'un wagon d'immigrés polonais et l'émerveillement de découvrir, parmi les rudes travailleurs, la frimousse d'un enfant endormi; la disparition du *Maxime-Gorki*, le plus gros transporteur de fret aérien, dans lequel il avait été le seul étranger invité à monter,

La catastrophe du «Maxime-Gorki»

TAMPONNÉ EN PLEIN VOL PAR UN AVION DE CHASSE EST POUR L'U. R. S. S. UN DEUIL NATIONAL

Cinquante et un tués...

LE RÉCIT DE NOTRE ENVOYÉ SPÉCIAL LE CÉLÈBRE PILOTE ANTOINE DE SAINT-EXUPÉRY QUI FUT LE PREMIER — ET LE DERNIER — ÉTRANGER AUTORISÉ A VOLER A BORD DE L'AVION GÉANT LA VEILLE MÊME DE L'EFFROYABLE ACCIDENT

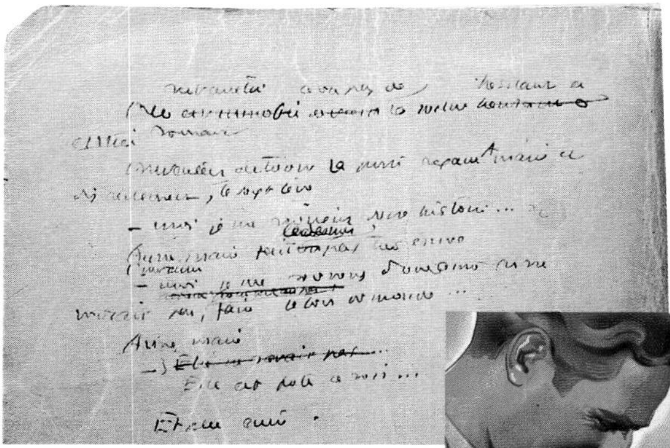

Anne Marie (ci-contre et ci-dessous) est l'histoire d'une femme ingénieur apprenant à piloter au milieu d'un groupe d'aviateurs qui la veulent toute à eux et voient d'un mauvais œil l'arrivée d'un inventeur musicien qui la sauvera d'un accident en plein vol.

la veille de l'accident; enfin, la rencontre avec d'anciennes gouvernantes françaises, oubliées par la révolution. Ses récits, remplis de descriptions vivantes et originales, sont accueillis avec enthousiasme. Saint-Exupéry revient d'Union soviétique avec une nouvelle corde à son arc d'écrivain, mais un peu refroidi vis-à-vis du régime politique.

Il retrouve alors Raymond Bernard, fils de Tristan Bernard, à qui il avait vendu un scénario de film : *Anne Marie*. Ecrit pendant son séjour argentin, ce projet était tombé dans l'oubli, suite aux événements de l'Aéropostale. Le film est tourné avec Annabella dans le rôle-titre. C'est sans doute l'œuvre la plus légère de sa carrière d'écrivain.

«J'ai fait de la belle navigation»

En novembre 1935, accompagné de Jean Prévot, son mécanicien, et de Jean-Marie Conty, chargé de mission à Air France, Saint-Exupéry donne une série de conférences sur les débuts de l'Aéropostale. Les trois hommes parcourent 11 000 kilomètres autour

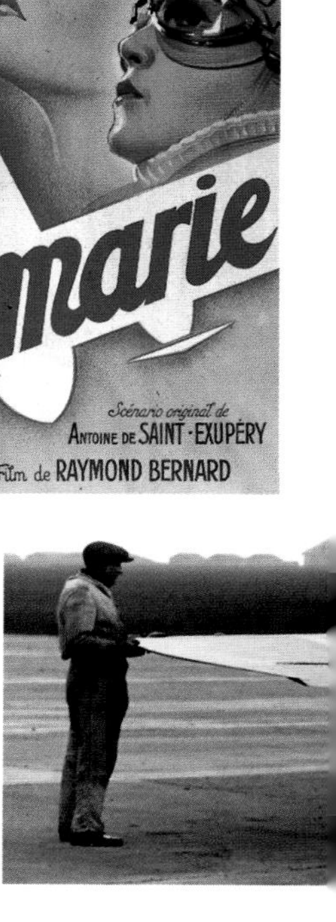

de la Méditerranée à bord du Caudron-Simoun F-ANRY que Saint-Exupéry s'est offert avec la vente de ses articles et les royalties de son film.

Partant de Casablanca, ils sont accueillis à Alger, Tunis, Tripoli, Bengazi, Le Caire, Alexandrie, Damas, Beyrouth, Adana, Istanbul et Athènes. Ce voyage sera plus profitable à Air France qu'aux protagonistes, qui verront une partie de leur budget s'envoler en médicaments.

Des raids sont organisés par le ministère de l'Air pour tester l'endurance des avions. Les primes offertes appâtent les pilotes en manque d'argent et les aventuriers téméraires. Entretenir un avion est très onéreux et, une fois les frais déduits, il ne reste pas grand-chose pour vivre. Saint-Exupéry, grand seigneur, est toujours prêt à inviter ses amis, même s'il n'en a pas vraiment les moyens. Poussé par ses proches, il se lance dans le raid Paris-Saïgon, doté d'un prix de 150 000 francs, pour tenter de relier les deux capitales en moins de cinq jours et quatre heures.

Le rêve de tout pilote est de posséder son propre avion. Saint-Exupéry acquiert le sien en 1935 : c'est un Simoun fabriqué par Renault, doté de cent quatre-vingts chevaux et dont la ligne courbe évoque les automobiles des années 1940. Equipé d'une hélice à pas variables et de freins sur les roues, il possédait les instruments permettant le vol sans visibilité.

«Le désert, il m'a été donné de l'aborder un jour par le cœur»

Le départ à lieu le 29 décembre. Les premières escales s'effectuent sans problèmes. Saint-Exupéry est bien placé pour gagner le record, mais, le 30 décembre à 2 h 45 du matin, le Simoun volant à basse altitude heurte le sommet d'un plateau et s'écrase. Saint-Exupéry et Prévot s'en sortent sans trop de contusions. Ils sont persuadés qu'ils ont déjà dépassé Le Caire, alors qu'ils se trouvent au sud d'Alexandrie. Perdus dans le désert libyen, leurs réserves d'eau répandues dans le sable, ils partent à la «recherche des hommes» avec des provisions leur permettant de survivre cinq heures.

Sur la carlingue de l'avion accidenté, Saint-Exupéry et Prévot laissent chacun un message destiné à leur famille. Dans le sable, ils indiquent : «Nous sommes partis Nord-Est. S.O.S.»

Pendant trois jours, ils marchent vers le nord, mourant de soif et perdant leurs forces. Alors qu'ils pensent leur dernière heure venue, ils croisent une caravane de Bédouins. «L'Arabe nous a simplement regardés. Il a pressé ses mains sur nos épaules et nous lui avons obéi. Nous nous sommes étendus.» Allongés à même le sol, les deux hommes lapent l'eau que leur offre leur sauveteur. Le Bédouin les amène chez des résidents suisses, les Raccaud, tout étonnés d'héberger dans leur salon les deux hommes qui font la une des journaux et sont tenus pour morts. Emile Raccaud emmène les rescapés au Caire. De l'hôtel Continental, dont ils ont failli être

expulsés tellement ils sont hirsutes et dépenaillés, Saint-Exupéry téléphone à Consuelo qu'il est bien vivant.

Depuis qu'ils ont appris sa disparition, tous ses amis se sont relayés, de jour comme de nuit, à l'Hôtel du Pont-Royal où réside Consuelo. La mère de l'aviateur est venue rejoindre sa belle-fille, partageant son angoisse puis sa joie à l'annonce de la bonne nouvelle. Au Caire, Saint-Exupéry est assailli par les journalistes qui se disputent l'exclusivité de son crash dans le désert. Mais, sous contrat exclusif avec *L'Intransigeant*, c'est lui-même qui rédigera les six articles racontant son aventure.

Saint-Exupéry rentre le 20 janvier 1936 à Marseille à bord du *Kawsar*, en provenance d'Alexandrie. Consuelo est la première à monter sur le pont du bateau, suivie par une horde de journalistes.

LE VOL BRISÉ

PRISON DE SABLE

par Antoine de SAINT-EXUPERY

I. — Un avertissement du Destin

Les six articles publiés par Saint-Exupéry dans *L'Intransigeant* (ci-dessus, le premier) ne sont que l'ébauche d'un chapitre de *Terre des hommes* intitulé «Au centre du désert». Long récit de leur marche dans le sable à la recherche de l'eau, ils racontent la lente agonie des deux hommes, leurs espoirs, puis leurs doutes. Leur souci de ceux qui les attendent et qui, eux, ne perdent pas confiance. «A part votre souffrance, je ne regrette rien. Tout compte fait, j'ai eu la meilleure part. Si je rentrais, je recommencerais. J'ai besoin de vivre», écrira-t-il bien des années plus tard, après un second accident qui faillit, lui aussi, lui coûter la vie.

«Une guerre civile, ce n'est point une guerre, mais une maladie»

Les élections de février 1936 en Espagne amènent au pouvoir un Front populaire qui regroupe les partis de gauche. Le 18 juillet, des militaires menés par le général Franco tentent un coup de force : c'est le début d'une terrible guerre civile qui va durer trois ans. Les démocraties européennes optent pour la non-ingérence.

Saint-Exupéry est envoyé deux fois en reportage dans l'Espagne en guerre. En août 1936, à Barcelone, il couvre les événements pour *L'Intransigeant*. Il arrive dans une ville étrangement calme, purgée de tout nationaliste. Il essaie de décrire les faits, en s'élevant au-dessus des scènes sordides dont il est le témoin et tente de faire comprendre à ses lecteurs l'aberration de se battre entre frères.

Il rentre en France bouleversé par ce qu'il a vu, par le manque de respect que l'homme a pour lui-même, et réalise que, dans son pays, les factions politiques sont tout aussi haineuses. Il retourne en Espagne en 1937, à Madrid. Contre une somme astronomique, *Paris-Soir* lui commande dix articles sur cette guerre fratricide. Hervé Mille, le rédacteur en chef, aura toutes les peines du monde à en obtenir trois, qui paraîtront fin juin et début juillet 1937. Désireux d'entrer en contact avec le front républicain, Saint-Exupéry rencontre Kessel et

A Barcelone et sur le front de Lérida, Saint-Exupéry constate avec stupéfaction que la guerre civile espagnole est une guerre d'idéologie. «J'ai vécu un mois parmi eux en reportage à Barcelone. Ils se fusillaient chaque jour entre eux au nom d'une liberté qui n'était pour chacun que la liberté de soi-même. La liberté du voisin niant la sienne, chacun était en droit d'assassiner son voisin, religieusement, au nom même de la liberté.»

CI COMME ON DÉBOISE...

La guerre d'Espagne dresse les uns contre les autres des hommes d'un même pays et d'une même civilisation. Ce combat idéologique est un avant-goût de la Deuxième Guerre mondiale. En aidant le général Franco par l'intermédiaire de l'armement lourd , l'Allemagne et l'Italie en profitent pour tester leur nouveau matériel militaire. Face à eux, poussée par le gouvernement du Front populaire, la France envoie des armes aux Républicains. Saint-Exupéry rentre en France le 27 avril 1937, au lendemain du bombardement de Guernica par les armées allemandes, très éprouvé par la sauvagerie de cette guerre qui a ravagé l'Espagne.

Hemingway, eux-mêmes en mission. Il parvient à sortir de la ville grâce à une introduction d'Henri Jeanson, correspondant du *Canard enchaîné*.

Et les hommes ne se respectent plus les uns les autres

par notre envoyé spécial

ANTOINE DE SAINT-EXUPERY

Il prend part à la vie du front, quelquefois distrait au point d'allumer une cigarette en pleine nuit, assiste à des embarquements clandestins d'armes, ou à la préparation d'une expédition qui sera ajournée au dernier moment. Saint-Exupéry, catastrophé, condamne la barbarie. « L'Espagne brûlant ses trésors d'art et vidant l'univers fermé des couvents a accordé priorité, fût-elle d'un instant, à la stupidité sur la civilisation. » Gardant pour lui certains moments forts qu'il a vécus parmi les combattants républicains, il les rapportera dans *Terre des hommes*.

« Car ils tiennent la ville, les anarchistes. Rassemblés par paquets de cinq à six aux coins des rues, en faction devant les hôtels, ou lancés à travers la ville à cent à l'heure dans des Hispanos réquisitionnées. »

Son premier film ayant eu du succès, Saint-Exupéry, qui est toujours en quête d'argent, se lance dans l'adaptation de *Courrier Sud*, que réalise Pierre Billon. A l'automne 1936, il accompagne l'équipe du tournage à Mogador, au Maroc, prenant sous son aile la toute jeune script, Françoise Giroud (page de gauche), seule femme au milieu de quarante hommes. Grâce aux bonnes relations qu'il avait créées avec les chefs des tribus maures, Saint-Exupéry fournit les figurants du film. Il se fait conseiller technique pour les plans d'aviation, pilotera l'avion de Bernis dans les prises de vues aériennes et ira même jusqu'à réaliser les cascades que le pilote du film refuse de faire.

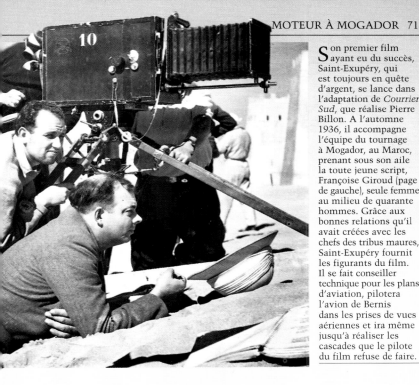

«Tu n'étais point un archange, tu étais un homme»

Le 7 décembre 1936, apprenant que Mermoz vient de lancer au-dessus de l'Atlantique un dernier message – «Coupons moteur arrière droit» –, Saint-Exupéry est anxieux. Il sait que si quelques minutes de retard ne signifient pas grand-chose dans la vie quotidienne, dans l'Aéropostale, elles peuvent être synonymes de drame. Bien que n'ayant pas les mêmes options politiques (Mermoz s'est rallié aux Croix de Feu du colonel de La Rocque et Saint-Exupéry est plutôt socialisant), les deux hommes entretenaient une solide amitié.

Poussé par la presse, Saint-Exupéry refuse d'abord de parler au passé de celui qu'il espère toujours vivant. La disparition de Mermoz le bouleverse. Il a beaucoup de mal à admettre qu'il ne le verra plus. Dans un article paru dans le journal *Marianne* du 16 décembre suivant, au lieu d'encenser le pilote, il se contente de le dépeindre tel qu'il était et tel qu'il l'avait apprécié : «Tu es un camarade avec tous les défauts merveilleux que l'on aime. Et je t'attends pour te les jeter à la tête. Je te garde ta place toute chaude dans ces petits bistrots du soir, où nous nous retrouvions, et tu seras en retard comme toujours, ô mon insupportable ami… J'ai si peur de ne plus jamais t'irriter.»

“Mermoz. J'ai peur qu'il disparaisse non de nos cœurs, mais de nos mémoires. Un équipage tout à coup a cessé de naviguer. Les morts sont si discutés. Tout ce bel apparat, les moteurs qu'on lance, les ordres brefs, les appels, les signaux, les manœuvres. Voici ce merveilleux pilote qui se délivre. Il ne décollait pas, Mermoz, il se délivrait de la boue.”

C'est dans *Terre des hommes*, paru en février 1939, que Saint-Exupéry rend hommage à l'ami disparu. Mermoz était le pionnier de toutes les aventures aériennes : l'Aéropostale, les vols au-dessus du désert, la traversée des Andes, les vols de nuit, la conquête de l'Atlantique, rien n'était trop périlleux pour lui. Saint-Exupéry, qui traverse une passe délicate entre son ménage qui va à vau-l'eau et ses difficultés financières, a du mal à supporter cette épreuve supplémentaire.

Dans la première semaine de janvier 1938, Consuelo accompagne son mari au Havre, où il s'embarque sur l'*Ile-de-France* en direction de New York, point de départ du raid vers la Terre de Feu. Saint-Ex confie à un ami : «Ce voyage est un casse-gueule. Heureusement, je suis verni, il ne m'arrivera rien.»

Raid New York-Guatemala-Punta Arenas, février 1938

Après qu'il a fait l'acquisition d'un nouveau Simoun F-ANXR, un autre raid va retenir l'énergie de Saint-Exupéry : celui ralliant New York à Punta Arenas à l'extrême sud de l'Argentine : 14 000 kilomètres dont 8 500 au-dessus de la cordillère des Andes. La première escale se passe sans problèmes.

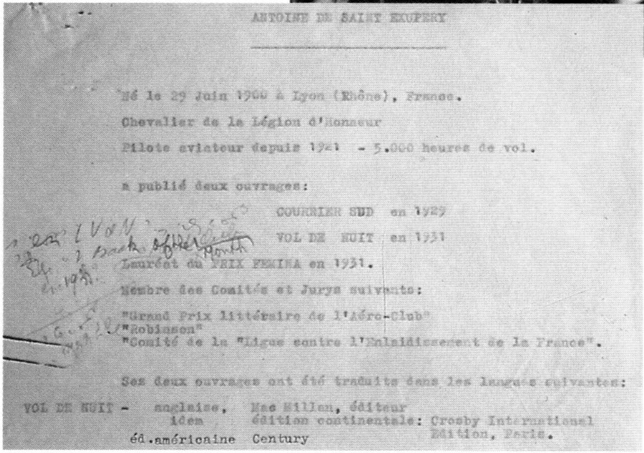

ANTOINE DE SAINT EXUPERY

Né le 29 Juin 1900 à Lyon (Rhône), France.

Chevalier de la Légion d'Honneur

Pilote aviateur depuis 1921 - 5.000 heures de vol.

a publié deux ouvrages:

COURRIER SUD en 1929

VOL DE NUIT en 1931

Lauréat du PRIX FEMINA en 1931.

Membre des Comités et Jurys suivants:

"Grand Prix littéraire de l'Aéro-Club"
"Robinson"
"Comité de la "Ligue contre l'Enlaidissement de la France".

Ses deux ouvrages ont été traduits dans les langues suivantes:

VOL DE NUIT - anglaise, Mac Millan, éditeur
idem édition continentale: Crosby International Edition, Paris.
éd. américaine Century

Après son retour d'Argentine, Saint-Exupéry ne vole plus beaucoup. Il tire toutes les sonnettes, arrivant çà et là à trouver des contrats. Mais on lui propose surtout des travaux de rédaction d'articles. Alors que sur son passeport de 1934, à la rubrique profession, il avait noté «pilote-aviateur», en 1940, il mentionne «homme de lettres».

Mais en quittant Guatemala City, trop chargé en carburant, l'avion de Saint-Exupéry et Prévot s'écrase en bout de piste. «Quand on m'a retiré de l'avion, j'étais le plus gros débris.» Consuelo accourt auprès de son mari, très émue à l'idée de le perdre une seconde fois. Après un coma de plusieurs jours, Saint-Exupéry, grièvement blessé, doit subir plusieurs opérations qui lui laisseront des séquelles importantes. Il s'oppose avec force à l'amputation de son bras gauche infecté par la gangrène.

C'est à cause d'une erreur de dosage que le Simoun, trop chargé, s'écrase sur la piste de Guatemala City : en effet le gallon guatémaltèque contient 4,50 litres de carburant, tandis que le gallon américain n'en contient que 3,80.

En convalescence à New York pendant plusieurs mois, il rédige *Terre des hommes*, dont la traduction américaine sera *Wind, Sand and Stars*. Il est soigné par une amie rencontrée en 1929 et qui est venue le rejoindre. Cette élégante jeune femme, tranchant sur les «étoiles filantes» qui ont traversé la vie de Saint-Exupéry, sera, jusqu'à la disparition du pilote, son ange gardien, ombre complice et protectrice.

«Je nous voudrais tous réunis autour d'une table blanche»

Rétabli, il rentre en France pour retrouver les siens, à Agay d'abord, puis à Cabris, où sa mère vient d'acquérir une maisonnette, baptisée *Les Fioretti* en hommage à saint François d'Assise. *Terre des hommes*, paru en février 1939, est plutôt un récit qu'un roman. Il obtient tout de même le Grand Prix du roman de l'Académie française et, aux Etats-Unis, le National Book Award pour l'année 1939. Mais pour Saint-Exupéry, la plus belle récompense, celle qui l'émeut le plus, c'est l'exemplaire unique imprimé sur toile d'avion offert par les ouvriers de l'imprimerie Grévin à Lagny.

Pendant l'année 1939, Saint-Exupéry fera plusieurs fois la navette entre la France et New York pour

Marie de Saint-Exupéry (à droite), mère d'Antoine, a été de tout temps la correspondante privilégiée de son fils, qui lui adresse ses impressions de voyage. Cette correspondance sera regroupée dans un livre intitulé *Lettres à sa mère*.

déposer son manuscrit à traduire, puis pour la parution du livre en juin. Accompagnant Guillaumet sur le «Lieutenant de Vaisseau Paris», il fait un aller et retour Biscarosse-New York remportant le record de la traversée de l'Atlantique en avion le 15 juillet. Il est encore à New York pendant l'été lorsque les rumeurs de guerre lui font regagner la France.

A son retour en France au printemps 1938, Saint-Exupéry est accueilli à la gare Saint-Lazare par Yvonne de Lestrange (au centre) et Nelly de Vogüé (à gauche). Dépité par l'échec de son raid manqué, perturbé par ses soucis financiers et conjugaux, il n'arrive plus à écrire. Son éditeur américain lui suggère alors de retravailler les articles racontant ses voyages parus dans différents journaux et d'en faire les chapitres d'un livre. Ainsi est née l'idée de *Terre des Hommes*.

« J'étouffe de plus en plus. L'atmosphère de ce pays est devenue irrespirable... J'ai beaucoup de choses à dire sur les événements. Je puis les dire à titre de combattant, non de touriste. C'est ma seule chance pour que je parle. »

Saint-Exupéry,
Lettre à X

CHAPITRE V
« PILOTE DE GUERRE »

Bien que trop âgé pour être engagé et déclaré inapte à piloter parce que souffrant des séquelles de ses accidents, Saint-Exupéry fait jouer ses relations pour être envoyé au front. Grâce au général Davet, qui fait parvenir son dossier directement au ministère de l'Air, il est nommé au groupe de reconnaissance 2/33.

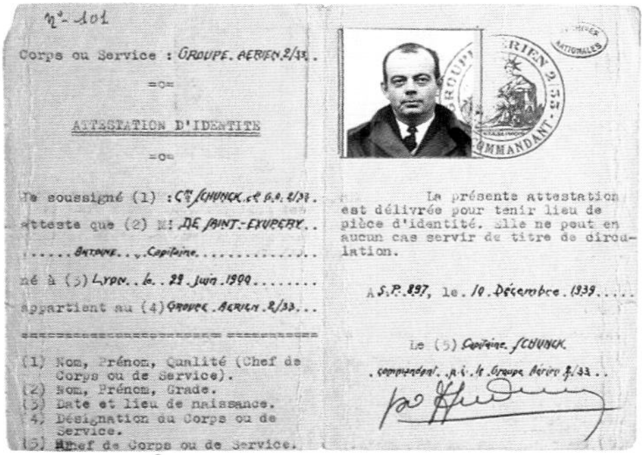
N°-101

Corps ou Service : GROUPE. AERIEN.2/33.

=o=

ATTESTATION D'IDENTITE

=o=

Je soussigné (1) : Cne SCHUNCK cdt G.A. 2/33.
atteste que (2) M: DE SAINT-EXUPERY..
......ANTOINE...Capitaine................
né à (3) Lyon..le..29.Juin.1900........
appartient au (4) GROUPE. AERIEN.2/33...

(1) Nom, Prénom, Qualité (Chef de Corps ou de Service).
(2) Nom, Prénom, Grade.
(3) Date et lieu de naissance.
(4) Désignation du Corps ou de Service.
(5) Chef de Corps ou de Service.

La présente attestation est délivrée pour tenir lieu de pièce d'identité. Elle ne peut en aucun cas servir de titre de circulation.

A S.P. 897, le. 10. Décembre. 1939.....

Le (5) Capitaine. SCHUNCK
. commandant. p.i. le Groupe Aérien 2/33..

En envahissant la Pologne le 1er septembre 1939, Hitler rompt le fragile processus de paix européen. Solidaires de la Pologne, la Grande-Bretagne, puis la France déclarent la guerre à l'Allemagne. Pendant huit mois, les deux camps restent sur leurs positions. Hitler profite de ce répit pour se suréquiper en armements et en hommes. En France, cette période est très éprouvante pour le moral des armées et des populations.

> ❝J'habite une ferme bien sympathique. Il y a trois enfants, deux grands-pères, des tantes et des oncles. On y entretient un grand feu de bois où je me dégourdis quand je redescends de voler.❞

«Drôle de guerre au ralenti»

Capitaine de réserve, Saint-Exupéry est mobilisé le 4 septembre 1939 à Toulouse-Francazal en tant que professeur de navigation aérienne. Refusant l'offre qui lui avait été faite de travailler pour les services de l'Information, il se démène pour être actif. En novembre, il est affecté au groupe 2/33 de grande reconnaissance basé à Orconte (Haute-Marne).

Avec quatre camarades (Laux, Gavoille, Israël et Hochédé) et deux autres officiers (Dutertre et Moreau), il partage une baraque couverte de tôle ondulée, ouverte à tous les vents et dont le plancher a été surélevé pour l'isoler de l'humidité. Bien que plus âgé que les autres pilotes, et d'un grade supérieur, Saint-Exupéry est tout de suite adopté : il fait la conquête de ses camarades par son bagout, par ses tours de cartes et de prestidigitation. Il loge dans une ferme où il doit casser la glace dans une cuvette pour se laver. L'hiver 1939 est très rigoureux et les pilotes ne sortent guère en mission. Pourtant, malgré le froid et l'attente, la vie n'est pas

désagréable, ponctuée par des sorties, les visites de Joseph Kessel, de Pierre Mac Orlan, de Léon Werth, ou encore de Fernandel, venu remonter le moral des troupes.

Mais Saint-Exupéry ressent le décalage entre ses camarades et lui-même. Depuis 1934, il avait déposé huit brevets d'invention concernant l'amélioration des conditions de vols pour les pilotes. Il profite de cet hiver plutôt calme pour en faire breveter d'autres dont le télémètre. Il se rend plusieurs fois à Paris pour rencontrer le physicien Fernand Holweck, étonné de la précision des déductions intuitives d'un non scientifique.

Au groupe 2/33, Saint-Exupéry doit vite s'adapter à piloter des avions modernes, tel le Potez 63-7, exécutant parfaitement ses missions et même réussissant à se tirer de situations difficiles. D'après le témoignage du général Gavoille, alors sous-lieutenant, en dépit d'une réputation qu'on lui avait faite, Saint-Exupéry est l'un des rares pilotes de la base à n'avoir jamais cassé de matériel. Le 22 décembre 1939, Joseph Kessel, correspondant de guerre rend visite à Saint-Ex à Orconte. On reconnaît ci-dessus, de gauche à droite : Israël, Moreau, Kessel, Saint-Exupéry et Gavoille.

«Nul ne s'avoue que cette guerre ne ressemble à rien»

Saint-Exupéry part en février 1940 pour Marseille, faire des essais sur Bloch 174 qui seront livrés en mars au groupe 2/33.

En mai, avec la guerre éclair, les vols reprennent, clairsemant les équipages qui chutent un à un : «En trois semaines, nous avons perdu dix-sept équipages sur vingt-trois… Nous sommes cinquante pour toute la France. Sur nos épaules repose toute la stratégie de l'armée française.» Du Bourget, où ils se sont repliés, les pilotes sont envoyés en mission au-dessus d'Arras pour donner des renseignements sur l'avance allemande, renseignements qui ne seront jamais pris en compte par le haut commandement des armées. Le 22 mai, c'est au tour de Saint-Exupéry

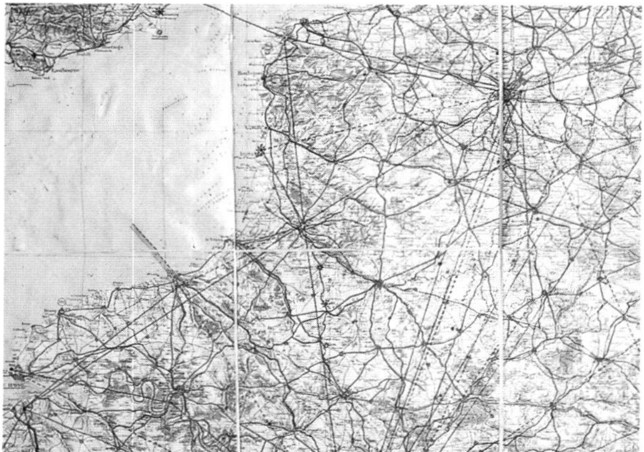

de survoler la ville; pour cette mission, il sera décoré de la croix de guerre avec palmes et cité à l'ordre de l'armée. Ce qui frappe le plus le pilote, ce sont d'abord les centaines de chars agglutinés au sud de la ville, prêts à attaquer. Ensuite, les routes encombrées d'hommes, de femmes, de véhicules de toutes sortes qui fuient la poussée allemande : «Je survole donc des routes noires de l'interminable sirop qui n'en finit pas de couler.» C'est l'exode.

J'ét
Je venais d'
de mon patri

Le capitaine Alias (ci-dessus) commande le groupe 2/33 à Alger. Refusant la signature de l'armistice, il ne désarme pas ses avions et se voit infliger quinze jours d'arrêts de rigueur.

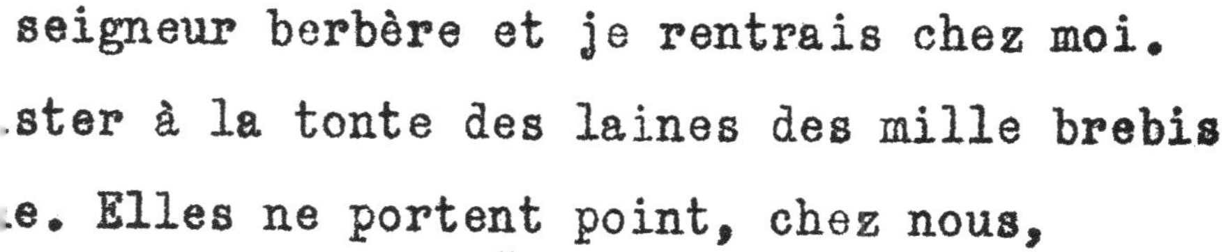
seigneur berbère et je rentrais chez moi.
ster à la tonte des laines des mille brebis
e. Elles ne portent point, chez nous,

«Guillaumet est mort. Il me semble ce soir que je n'ai plus d'amis»

La dernière mission de guerre a lieu le 9 juin, puis le groupe 2/33 est évacué sur Bordeaux puis Alger. Saint-Exupéry traverse la Méditerranée à bord d'un Farman rempli de passagers et de matériel. Il pense qu'une fois en Algérie il va continuer le combat, mais, l'armistice ayant été signé le 22 juin, il est démobilisé le 5 août comme tous ses camarades. Il s'installe alors à Agay, où il rédige *Citadelle*, son «œuvre posthume», comme il l'appelle en plaisantant.

Saint-Exupéry a besoin d'action. S'il ne rejoint pas le général de Gaulle à Londres, c'est qu'il ne veut pas se rallier à un homme chef d'une France libre, face à une France occupée : il estime que cette attitude divise son pays alors qu'il devrait s'attacher à rester uni face à l'adversité. Il pense que seuls les Américains peuvent aider la France à sortir de cette impasse et il songe de plus en plus à rejoindre New York.

En rédigeant les premiers feuillets de *Citadelle* en 1936 (ci-dessus), Saint-Exupéry fait référence au Sahara. Cette version sera ensuite abandonnée.

La 108e mission du groupe 2/33 a lieu sur Arras à bord du Bloch 174 n° 24, piloté par Saint-Exupéry. Chaque pilote possède un jeu de cartes des régions qu'il doit survoler, sur lequel il trace ses parcours en fonction des missions à accomplir. Pour protéger ses documents, Saint-Exupéry leur a fabriqué un étui qu'il a agrémenté de petits croquis (ci-dessous).

Il se rend en octobre à Vichy pour obtenir son visa américain. Avant de quitter la France, il passe deux jours chez Léon Werth, à qui il lit des passages de son manuscrit. Suite aux articles écrits sur la guerre civile, les Espagnols lui refusent de traverser leur pays. Il gagne Lisbonne via Alger pour embarquer pour les Etats-Unis. C'est là que, le 27 novembre, il apprend que Guillaumet a été abattu en Méditerranée. «Ainsi j'ai perdu Guillaumet, tué en vol – le meilleur ami que j'ai eu – et j'évite de parler de lui. Nous étions de la même substance. Je me sens un peu mort en lui. J'ai fait de Guillaumet un des compagnons de mon silence.» Quelques jours plus tard, il fait une conférence à l'Ecole française de Lisbonne où, très ému, il évoque la mémoire de son ami disparu. Le 21 décembre, il s'embarque sur le *Siboney* en compagnie du cinéaste Jean Renoir, avec qui il se lie d'amitié.

TELEGRAMME
PCV 25,10
REEXPEDIE D AGAY =
GP STEXUPERY
MARSEILLE COLBERT =
14 NEWYORK 106 8223-1444 CFE
AMERICAN AIRWAYS AU COMPLET PLUSIEURS MOIS
STOP ICI POUVONS VOUS PAYER PASSAGE PAQUEBOT
VIA AMERICAN EXPORT LINES QUITTANT LISBON CHAQUE
SEMAINE POUR NEWYORK STOP POUVONS VOUS ENVOYER
ARGENT LISBON STOP EXPORT LINES CONFIRMERONS A

Résistances à New York

Avec ses livres, Saint-Exupéry avait acquis un certain poids dans l'opinion américaine. Il était venu à New York pour quatre semaines pensait-il, le temps de

Sur le paquebot qui l'emmène aux Etats-Unis, Saint-Exupéry fait la connaissance de Jean Renoir et de son épouse. A peine débarqués à New York, les deux hommes se rendent chez le peintre Bernard Lamotte. Ils fêtent leurs retrouvailles en buvant force bouteilles de Byrrh, la seule boisson que peut leur offrir leur compatriote : chargé de la publicité de ce produit, il en possède plusieurs bouteilles dans son réfrigérateur. Avant de rejoindre Hollywood, Renoir reste un certain temps à New York et voit très souvent Saint-Exupéry avec qui il a de longues discussions concernant le sort de la France.

faire campagne en faveur de l'entrée en guerre des Etats-Unis. Il y reste deux ans, sans faire de réels efforts d'intégration; il refuse d'apprendre à parler l'anglais, trouvant toujours quelqu'un pour traduire ses propos. Dès son arrivée, il se présente au département de la Guerre et propose deux inventions relatives aux appareils de navigation, mais ces propositions n'eurent pas de suite.

La communauté française qui vit à New York est déchirée par des querelles intestines relatives à l'appartenance ou non au gaullisme. Saint-Exupéry louvoie, se voulant apolitique, mais chacun des deux camps essaie de le rallier à sa cause. «Je n'aime ni Vichy qui laisse un peu trop fusiller, ni de Gaulle qui fait un peu trop profiteur.» Pris à parti par André Breton, il lui envoie une lettre incendiaire : «La moitié de mes amis sont morts, les vôtres sont toujours vivants.» Ses positions en faveur de l'armistice, qui pour lui est un moindre mal, provoquent une campagne de calomnies. Les portes se ferment. Lui s'affirme avant tout patriote et souhaite que son pays sorte du cauchemar de la division.

«Il devient tellement difficile d'exister»

Au printemps 1941, Saint-Exupéry est invité à Hollywood par Jean Renoir, qui désire tourner un film d'après un scénario de l'écrivain, mais le projet n'aboutit pas. Trop heureux de quitter New York et l'ambiance

Installé à New York en 1940, Salvador Dali appartient au groupe de surréalistes exilés qui gravitent autour d'André Breton. Antimilitariste notoire et accusateur public, ce dernier s'en prend à Saint-Exupéry, qu'il accuse de complicité avec le régime de Vichy. «Vous êtes l'homme des camps de concentration spirituels», répondra Saint-Exupéry dans une lettre qui, jamais envoyée à son destinataire, fut retrouvée en 1989.

Bien que vivant aux Etats-Unis , Saint-Exupéry refuse d'apprendre l 'anglais. Par chance, Elisabeth Reynal, l'épouse de son éditeur new-yorkais lui sert souvent d'interprète. Elle lui trouve un appartement au 240 Central Park South, entre verdure et gratte-ciels, où il reçoit très souvent ses amis. Malgré la parution d'une vingtaine de publications sur la défaite française, les éditeurs de Saint-Exupéry souhaitent qu'il témoigne de la combativité de ses compatriotes. Il a beaucoup de mal à se mettre à l'écriture d'un tel texte, pensant que c'est injurier la France que de l'obliger à se justifier.

devenue invivable de la communauté française, Saint-Exupéry, qui souffre des séquelles de son accident au Guatemala, profite de son séjour en Californie pour se faire opérer. Il entreprend la rédaction de *Pilote de guerre* pendant sa convalescence. L'immobilisation lui est rendue plus douce par les visites quotidiennes d'Annabella, devenue madame Tyrone Power.

A son retour à New York, en novembre, pressé par ses éditeurs Reynal et Hitchcock, ainsi que par son traducteur, Lewis Galantière, Saint-Exupéry pousse l'exploit d'écrire son livre en huit mois... alors qu'il lui aurait fallu, dit-il,

HÉROÏSME JUIF.

Au moment même où M. de Saint-Exupéry, aristocrate, aviateur et romancier* fronpopu, *exalte avec une émotion si pure l'héroïsme de son petit copain Israël, bon chrétien comme son nom l'indique, une décision américaine prescrit que les Juifs d'Afrique du Nord seront, désormais, dispensés de tout service militaire. La peau des fils d'Abraham est toute précieuse. Il convient de préserver cette pure et forte race, d'où sortiront demain les futurs présidents des Républiques africaines, dont rêvent Roosevelt, Churchill et le Grand Rabbin.

dix ans pour le peaufiner. *Pilote de guerre* paraît en février 1942, deux mois après l'entrée en guerre des Etats-Unis suite à l'attaque de Pearl Harbour, sous le titre *Flight to Arras*. Il obtient dès sa parution le prix du meilleur livre du mois. Les Américains aiment les actes d'héroïsme; ils sont bouleversés par ce récit qui leur permet de comprendre comment certains français se sont battus avant d'être écrasés sous la botte allemande. En France, l'accueil est différent : *Pilote de guerre* est édité à seulement 2 100 exemplaires, vite épuisés, mais il est tout de suite retiré de la vente, parce qu'il fait l'apologie, impensable pour certains, d'un pilote nommé Jean Israël. Deux éditions clandestines verront cependant le jour, à Lyon en 1943 et à Lille en 1944.

«Vous ne me donnez jamais ce dont j'ai soif»

1942, c'est aussi l'arrivée de la fantasque Consuelo à New York. Séparée de son époux, elle a vécu la première partie de la guerre à Oppède, dans le Lubéron, où elle a créé une communauté d'artistes.

Elle s'installe dans l'appartement attenant à celui de son mari et reçoit tout ce que New York connaît de surréalistes : Salvador Dali, André Breton, Joan Miró, Yves Tanguy, Max Ersnt, Marcel Duchamp, redoutable adversaire de Saint-Exupéry aux échecs.

Saint-Exupéry pensait qu'un livre devait satisfaire son auteur avant les lecteurs : «Je préfère que l'on vende cent exemplaires d'un livre dont je ne rougis pas que six millions d'exemplaires d'un navet», écrit-il à son traducteur, Lewis Galantière, qui le harcèle pour qu'il lui donne les textes de *Pilote de guerre*.

Quand *Pilote de guerre* paraît en France, il est d'abord accueilli par des louanges. Mais la presse colaborationniste, mettant en exergue les relations amicales que l'auteur entretient avec un Juif (page de gauche, en bas), le dénonce comme traître à la patrie. Les gaullistes, de leur côté, l'attaquent en reprochant à Saint-Exupéry d'avoir tenu des propos défaitistes et pro-vichyssois liés aux dernières lignes de *Pilote de guerre* : «Demain, pour les témoins, nous serons des vaincus. Les vaincus doivent se taire. Comme les graines.»

L'édition originale de *Flight to Arras* a été illustrée par Bernard Lamotte, condisciple de Saint-Exupéry aux Beaux-Arts installé à New York depuis 1935. Devant la véracité des dessins de Lamotte, Saint-Exupéry s'est demandé comment le peintre était arrivé à reconstituer avec autant de réalisme des scènes qu'il n'avait pas vécues et des personnages qu'il n'avait jamais connus.

Sur l'autre palier, on rencontre chez Saint-Exupéry Hélène et Pierre Lazareff, André Maurois, Bernard Lamotte, qui a illustré *Pilote de guerre*, ainsi que de nombreuses figures féminines. Maîtresses occasionnelles, égéries, confidentes platoniques ou même dames de cœur, de l'autre côté de l'Atlantique, «les mignonnes», comme les appelle Consuelo, prennent soin de lui tout comme il éprouve le besoin de les protéger.

Souffrant de la chaleur, Saint-Exupéry demande à son épouse de lui trouver une cabane pour se mettre au vert. Le manoir de Bevin House, dans le New Jersey, ne compte pas moins de vingt-deux pièces! Pendant l'été 1942, Saint-Exupéry y écrit et illustre *Le Petit Prince*. Plusieurs amis, dont André Maurois, viennent lui rendre visite, surpris d'être réveillés à deux heures du matin par un Saint-Exupéry affamé, qui réclame à grands cris que Consuelo lui prépare des œufs brouillés.

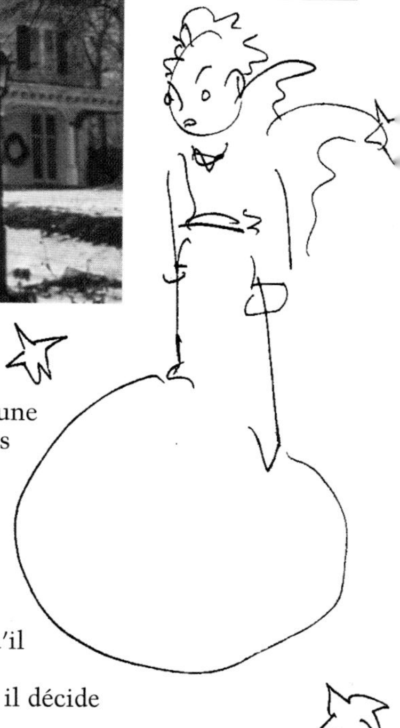

«Un petit bonhomme que je porte dans le cœur»

Depuis des années se promène, dessiné sur une nappe de restaurant, sur des feuilles volantes ou dans des lettres, un petit personnage ailé ou non qui hante l'esprit de Saint-Exupéry. Image de lui-même enfant ou des «petits Antoine» qu'il n'aura jamais? Toujours est-il qu'à la demande de son éditeur il se lance dans l'aventure d'un livre pour enfants. Il s'adresse d'abord à Bernard Lamotte pour qu'il lui fasse des esquisses du personnage, mais, trouvant que le résultat manque de naïveté, il décide

d'illustrer lui-même l'histoire. Saint-Exupéry s'achète une armée de crayons de couleur et d'aquarelles et, pendant l'été 1942, il commence les illustrations de ce qui deviendra son œuvre phare : *Le Petit Prince.*

Jamais satisfait, il fait plusieurs versions du personnage, demandant même à ses amis de poser pour lui, pour qu'une attitude soit le plus proche de la réalité. On a souvent voulu faire du *Petit Prince* un livre à clef. S'il est vrai que l'œuvre de Saint-Exupéry est autobiographique, pourquoi n'aurait-il pas mis dans la bouche et les attitudes de ses personnages ce qu'il a entendu ou vécu? Prévu pour Noël 1942, *Le Petit Prince* sort en librairie en avril 1943. P. L. Travers, l'auteur de *Mary Poppins,* écrit : «Nous n'avons pas besoin de pleurer les frères Grimm quand les contes de fées comme *Le Petit Prince* peuvent encore tomber des livres d'aviateurs et de tous ceux qui se dirigent par les étoiles.» Dédié à Léon Werth, pour qui il avait écrit *Lettre à un otage* (1942), *Le Petit Prince* regroupe toutes les angoisses et les vérités d'un Saint-Exupéry qui utilise le biais d'un petit bonhomme pour parler de ce qui lui tient le plus à cœur.

Dans les années 1930, un curieux personnage, souvent chauve, quelquefois ailé, est apparu dans les croquis de Saint-Exupéry. Annonciateur du *Petit Prince,* il surgit aussi bien sur des dédicaces de livres qu'au milieu d'équations mathématiques ou dans ses lettres à Léon Werth, à qui il dédie *Lettre à un otage* (en bas), puis *Le Petit Prince.*

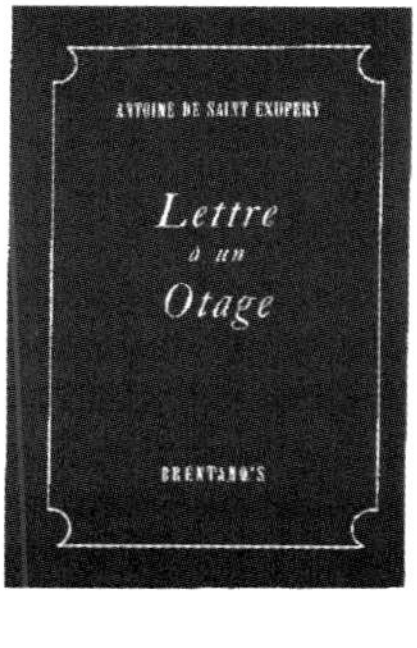

«Drôle de planète, drôle de problèmes, drôle de langage. Il est peut-être une planète où la vie est simple», écrit Saint-Exupéry à son amie Silvia Reinhardt qui, se plaignant de ses retards à leurs rendez-vous, lui servira de modèle pour le renard. *Le Petit Prince*, rédigé à un moment où Saint-Exupéry est en mauvaise condition physique et morale, permet à l'auteur de s'évader par l'écriture d'un monde dans lequel il a l'impression qu'il végète. Il puise dans les réflexions et les attitudes des personnes qui l'entourent des modèles qu'il retranscrit à sa manière. Comment aurait-il pu se douter que cinquante-cinq ans plus tard, traduit en cent trois langues, son *Petit Prince* serait une des meilleures ventes mondiales après la Bible et *Le Capital* de Karl Marx, chaque génération s'émerveillant tour à tour de la philosophie un peu triste et de la poésie qui émanent de ce récit.

«D'abord la France»

Entre-temps, les Américains ont débarqué en Afrique du Nord, le 8 novembre 1942. Les Allemands répliquent en envahissant la zone libre. Saint-Exupéry publie un appel à la réconciliation des Français dans le *New York Time Magazine* et le *Canada de Montréal*. Ce message est très mal interprété et son auteur mis au banc des accusés. Ecœuré du manque d'intelligence et des rancœurs de ses compatriotes, et après bien des démarches pour réintégrer le groupe 2/33, Saint-Exupéry peut enfin, en recevant sa feuille de route, en mars 1943, retourner au combat dans le camp des Alliés.

Après deux semaines de voyage, fin avril, le *Striring Castle* atteint Alger, seule ville française épargnée par l'occupation, mais véritable panier de crabes où sont regroupées toutes les factions et les haines qu'elles suscitent. Désormais sous le commandement américain du colonel Elliott Roosevelt, fils du président, le groupe 2/33 est basé à Oujda au Maroc. C'est là que les rejoint Saint-Exupéry, définitivement réintégré à son ancien groupe. Il vole sur Lighning P 38, nouvel avion très sophistiqué en comparaison de tout ce qu'il a piloté jusqu'alors. Malgré une vie de camp difficile à cause de la chaleur et de l'intensité des entraînements faits pour des hommes plus jeunes et en pleine santé, Saint-Exupéry, dont le corps reste marqué par ses nombreux accidents, est plein d'enthousiasme.

«La nuit allemande a achevé d'ensevelir notre territoire. La France n'est plus que silence. Elle est perdue quelque part dans la nuit, tous feux éteints, comme un navire», déclare Saint-Exupéry dans un texte lu à la radio américaine en novembre 1942.

A la fin de son stage, il retourne à Alger où il est promu commandant en juin 1943 et effectue sa première mission au-dessus de la France le 21 juillet. Puis, suite à un mauvais atterrissage sans conséquences lors de sa deuxième mission, il est mis en réserve de commandement. Il y passe l'hiver, retrouvant Gide et les personnalités du monde des lettres et de la politique qui y résident. Il se remet à l'écriture de *Citadelle*. Mais il ronge son frein, et ne rêve que de réintégrer la vie active. Il fait tout pour rencontrer le général Eaker, commandant en chef des forces aériennes en Méditerranée, et lui demande de réintégrer son unité de combat.

Saint-Exupéry illustre le menu (ci-dessous) d'un dîner donné à Alger en janvier 1944. En mai, le groupe 2/33, équipé de Lightning P 38 tout neufs, voit arriver à Alghero un Saint-Exupéry «follement heureux» de retrouver son escadrille.

«Je reviens chez moi. Le groupe 2/33, c'est chez moi»

En mai 1944, Saint-Exupéry rejoint enfin le 2/33 à Alghero, en Sardaigne. Cinq missions lui sont accordées à titre exceptionnel, car on l'estime trop âgé pour piloter un Lightning (la limite d'âge est de 35 ans). Il effectue la première le 14 juin, puis tout le groupe s'installe à Borgo en Corse.

Le 17 juillet, il pilote à nouveau, repérant les côtes françaises où un futur débarquement américain pourrait avoir lieu. Le 31, il s'envole pour sa dernière mission; à son retour, le général Gavoille doit lui confier la date du débarquement allié en Provence, révélation qui l'écartera des pistes d'envol. Détenteur d'un secret tellement important, il ne doit en aucun cas être capturé par les Allemands et risquer de parler sous la torture. Ayant une autonomie de vol de six heures, il décolle à 8 h 30. A partir de 13 heures, on attend désespérément son retour. A 14 heures, on a perdu tout espoir.

Suicide? Trahison? Ralliement au maquis? Bien des hypothèses ont été formulées sur la disparition de Saint-Exupéry. Flatteuses ou calomnieuses, elles n'ont fait qu'agrandir l'aura qui entourait le pilote, effrayé des conséquences de la guerre et qui écrivait au général «X» : «Si je suis tué en guerre, je m'en moque bien... Si je rentre vivant de ce job "nécessaire et ingrat", il ne se posera pour moi qu'un problème : que peut-on, que faut-il dire aux hommes?»

Mais Saint-Exupéry n'est pas rentré : à bord de son avion, il est parti, comme le Petit Prince, rejoindre sa planète, «ce monde de souvenirs d'enfants... [qui] me semblera toujours plus désespérément plus vrai que l'autre».

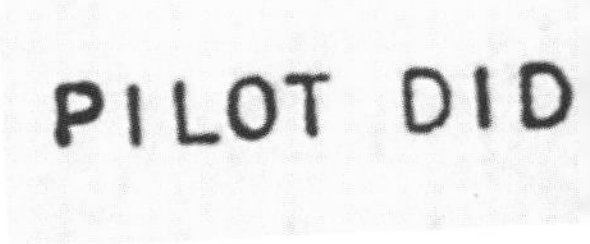

Le Lightning P 38 était un avion de chasse équipé de quatre mitrailleuses et d'un canon, pouvant voler jusqu'à 635 km/heure. Pour des vols de reconnaissance, les armes étaient remplacées par une batterie de caméras. C'est à son bord que Saint-Exupéry effectua sa dernière mission. On a longtemps cherché à retrouver le point précis où il s'est abîmé en mer; aujourd'hui, une fragile preuve, une gourmette d'argent au nom de l'aviateur, peut faire penser que l'on a découvert le sépulcre marin d'Antoine de Saint-Exupéry, au large de Marseille.

En mai 1944, le photographe John Phillips, correspondant de *Life*, vient à Alghero où il prend toute une série de photos sur la vie du camp. Il obtient que Saint-Exupéry écrive un article pour son journal, six pages manuscrites, rédigées dans la nuit du 29 au 30 mai, et intitulées *Lettre à un Américain*. Arrivé au journal après le débarquement américain en Provence, l'article ne fut jamais imprimé.

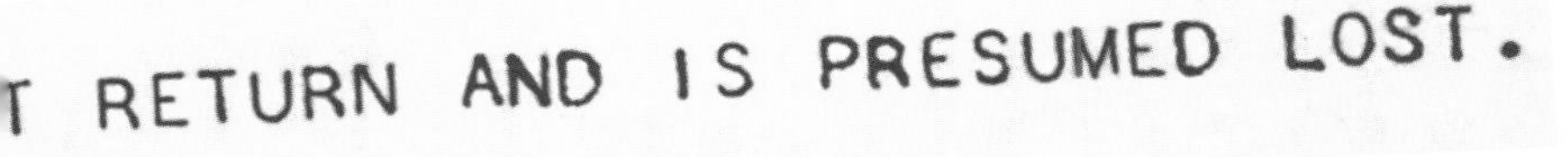

T RETURN AND IS PRESUMED LOST.

HUGO PRATT
ANTOINE DE SAINT-EXUPÉRY

TÉMOIGNAGES ET DOCUMENTS

«J'écris peu, ce n'est pas ma faute. J'ai la bouche cousue la moitié du temps»

Dans sa correspondance – pas aussi rare qu'il le prétend –, Saint-Exupéry se raconte sans pudeur. L'écriture est un moyen de se sentir moins seul et de faire partager ses impressions à ceux qu'il aime et qui sont souvent trop loin de lui. Ses lettres, parfois illustrées, révèlent les instants de bonheur, d'enthousiasme ou de découragement qu'il a vécus. Certaines serviront de bases à des écrits postérieurs.

«Je me suis fait un stylographe»

Dès qu'il a su écrire, Antoine a entretenu avec sa mère une correspondance complice. Ecrites entre 1910 et 1944, les Lettres à sa mère *ont été réunies dans un recueil qui reflète la grande tendresse qui liait la mère et le fils.*

Le Mans, 11 juin 1910

Je me suis fait un stylographe. Je vous écris avec. Il va très bien. Demain, c'est ma fête. L'Oncle Emmanuel m'a dit qu'il me donnerait une montre pour ma fête. Alors vous pourrez lui écrire que c'est demain ma fête. Il y a un pèlerinage jeudi à Notre Dame du Chêne, je vais avec le collège. Il fait très mauvais temps. Il pleut tout le temps. Je me suis fait un joli autel avec tous les cadeaux que l'on m'a donnés. Adieu.

Maman chérie je voudrais bien vous revoir.

Antoine

C'est ma fête demain.

Antoine de Saint-Exupéry, *Lettres à sa mère*, «Folio», Gallimard, 1982

Un déjeuner de roi

Dès son arrivée à Paris en 1917, Saint-Exupéry rencontre, grâce aux relations de sa famille, des personnalités de tous bords. Tante paternelle d'Antoine, Anaïs de Saint-Exupéry était dame d'honneur de la duchesse de

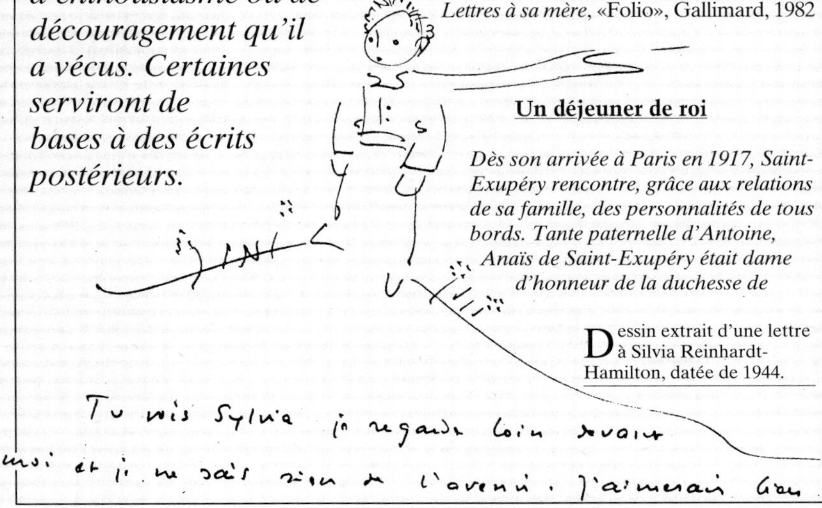
Tu vois Sylvia je regarde loin devant
moi et je ne sais rien de l'avenir. J'aimerais bien

Dessin extrait d'une lettre à Silvia Reinhardt-Hamilton, datée de 1944.

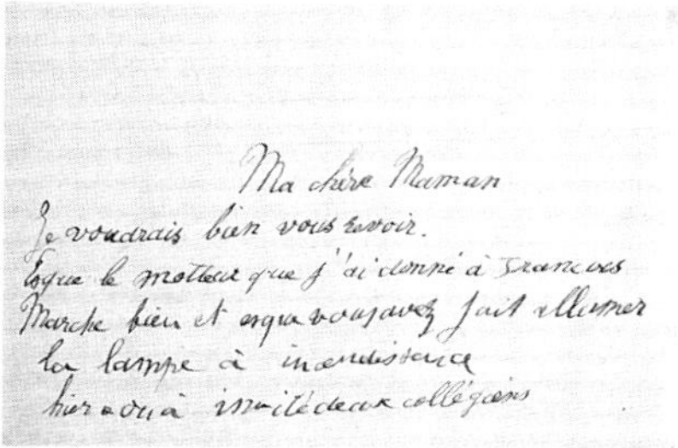
Ma chère Maman
Je voudrais bien vous savoir.
[illegible] le motteur que j'ai donné à François
Marche bien et [illegible] vous avez fait allumer
la lampe à incandescence
hier on a invité deux collégiens

Lettre d'Antoine à sa mère, Le Mans, 1910.

Vendôme, sœur du roi des Belges.
Pour son neveu, jeune provincial alors fasciné par la vie parisienne, elle obtient un déjeuner en présence de Leurs Altesses. Antoine livre ses impressions à sa mère.

Paris, 1917

C'est fait, j'ai déjeuné chez la duchesse de Vendôme… sœur du roi des Belges! Je suis dans une joie folle de la chose : ils sont charmants. Monseigneur a l'air excessivement intelligent et est très drôle. Je n'ai pas fait une gaffe et ne me suis pas embrouillé une fois : tante Anaïs était très contente : si elle vous écrit quelque chose, envoyez-moi la lettre?

Ce qui m'a fait le plus plaisir c'est qu'elle m'a dit [la duchesse de Vendôme] qu'elle m'inviterait un dimanche à venir à la Comédie-Française avec elle : Quel honneur!

Antoine de Saint-Exupéry, *op. cit.*

«Et in secula seculorum»…

Charles Sallès est né à Lyon en 1900. Il fait la connaissance de Saint-Exupéry au collège Saint-Jean-de-Fribourg en 1915. Après avoir fait HEC, il s'installe dans une propriété agricole près de Tarascon où, jusqu'à la guerre, Saint-Exupéry viendra souvent lui rendre visite.

Paris, Lycée Saint-Louis, fin 1917

Mon vieux poulet,

Tu es un ange. Je te remercie de tout cœur de la Bible que tu m'envoies, tu es trop gentil de me l'offrir, Charles! Je ne sais comment te remercier : peut-être en t'envoyant par lettre des répétitions de Maths ???!!. Car j'y suis enterré (dans les maths). Je fais trois années de maths en une car je suis les cours préparatoires à l'Ecole navale au Lycée Saint-Louis, nous nous présentons au mois d'août.

Serai-je reçu?????

Je viens seulement de recevoir ton paquet et je t'écris de suite. Le service est, ici, si bien fait qu'il est resté huit jours chez le concierge.

Tu me pardonneras de ne pas t'en dire plus long et de ne pas répondre à ta longue lettre par une lettre aussi intéressante, mais j'ai pour le moment à faire par-dessus la tête et n'ai pas une seconde de libre (où est-il donc le temps où je faisais des vers ???).

Je t'écrirai plus longuement dès que je pourrai (jeudi je pense).

Je te serre la main au galop, mais le plus affectueusement possible.

Ton ami (pour la vie et l'éternité *et in secula seculorum, amen*).

Antoine.

Ecris-moi si tu n'as pas tant de travail que moi.

Antoine de Saint-Exupéry,
Œuvres complètes,
«La Pléiade», Gallimard, 1994

VRP dans la Creuse

Jean Escot, né à Lyon en 1900, rencontre Saint-Exupéry en 1921 lors de son service militaire à Strasbourg. Il a fait carrière en tant que directeur commercial dans plusieurs sociétés industrielles et alimentaires.

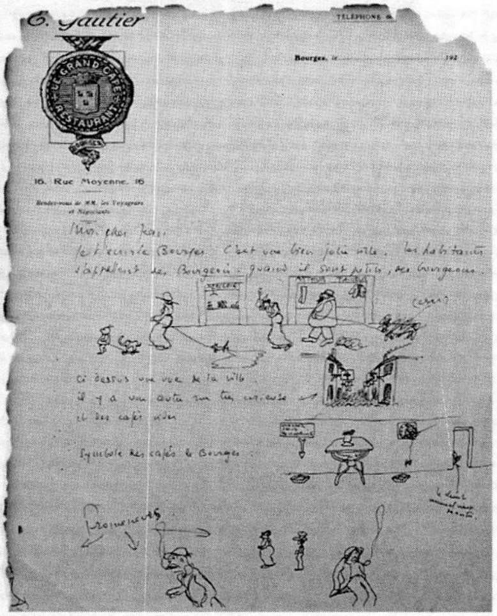

Lettre à Jean Escot, Bourges, 1925.

Guillaumet, «l'Ancien»

Henri Guillaumet est né en 1902. Il suit des études pour devenir pilote de chasse, puis passe son brevet de pilote de transport civil et s'engage chez Latécoère. Il transporte le courrier sur la ligne Casablanca-Dakar, puis en 1930 sur la ligne d'Amérique du Sud. Il fut immortalisé par Saint-Exupéry dans Terre des hommes. *Il meurt en mission le 27 novembre 1940.*

«Gigolo mondain»

Henry de Ségogne (1901-1989) est condisciple de Saint-Exupéry au Lycée Bossuet. Passionné d'alpinisme, il fut le chef de la première expédition française dans l'Himalaya en 1936. Conseiller d'Etat, puis président des autoroutes de la région Rhône-Alpes, il a conservé de sa correspondance avec Saint-Exupéry une vingtaine de lettres.

Dakar, 1927

Carissime,

Au fond, je ne m'ennuie pas trop au Sénégal (j'ai dix jours de libre entre chaque courrier) parce que Dakar m'a accueilli à bras ouverts et que j'y suis brusquement devenu un gigolo mondain. Je danse tous les soirs et fais des frais. Tu vois ça d'ici. Et il y a ici des gens charmants. Il y a même ici des gens un peu trop charmants parce qu'ils ont des filles à marier et qu'avec une situation de 100 000, je suis un parti convenable mais tu peux compter sur mon instinct de conservation…

Pourtant il y a une ou deux jeunes filles vraiment délicieuses. Et ça me rend parfois mélancolique.

Antoine de Saint-Exupéry,
Œuvres complètes,
«La Pléiade», Gallimard, 1994

«Je viens de faire un beau raid»

Survolant la Cordillère sur toute sa longueur, Saint-Exupéry est émerveillé par les paysages qu'il découvre.

Quel beau pays et comme la Cordillère des Andes est extraordinaire! Je m'y suis retrouvé, à 6 500 mètres d'altitude, à la naissance d'une tempête de neige. Tous les pics lançaient de la neige comme des volcans et il me semblait que toute la montagne commençait à bouillir. Une belle montagne avec des sommets de 7 200 (pauvre Mont-Blanc!) et 200 kilomètres de large. Bien sûr aussi inabordables qu'une forteresse, du moins cet hiver (nous sommes hélas toujours en hiver), et là-dessus en avion, une sensation de solitude prodigieuse.

Antoine de Saint-Exupéry,
25 juillet 1930,
Lettres à sa mère,
«Folio», Gallimard, 1984

«Je vous appelais avec un égoïsme de petite chèvre»

Le premier message que Saint-Exupéry reçoit après son accident dans le désert de Libye provient de sa mère. Il lui répond immédiatement.

Le Caire, 3 janvier 1936

Ma petite maman,

J'ai pleuré en lisant votre petit mot si plein de sens, parce que je vous ai appelée dans le désert. J'avais pris de grandes colères contre le départ de tous les hommes, contre ce silence, et j'appelais ma maman.

C'est terrible de laisser derrière soi quelqu'un qui a besoin de vous comme Consuelo. On sent l'immense besoin de revenir pour protéger et abriter, et l'on s'arrache les ongles contre ce sable qui vous empêche de faire votre devoir, et l'on déplacerait des montagnes.

Mais c'est de vous que j'avais besoin; c'était à vous à me protéger et à m'abriter, et je vous appelais avec un égoïsme de petite chèvre.

C'est un peu pour Consuelo que je suis rentré, mais c'est par vous, maman, que l'on rentre. Vous si faible, vous saviez-vous à ce point ange gardienne, et forte, et sage, et si pleine de bénédictions, que l'on vous prie, seul, dans la nuit?

Antoine de Saint-Exupéry, *op. cit.*

«Leur polémique m'emmerde»

Dernière lettre connue de Saint-Exupéry, adressée à son amie X., qu'on a retrouvée sur sa table après sa disparition.

Des chasseurs m'ont surpris l'autre jour. J'ai échappé juste. J'ai trouvé ça tout à fait bienfaisant. Non par le délire sportif ou guerrier que je n'éprouve pas mais parce que je ne comprends rien, absolument rien de la qualité de la substance. Leurs phrases m'emmerdent. Leur pompiérisme m'emmerde. Leur polémique m'emmerde et je ne comprends rien à leur vertu….

La vertu c'est de sauver le patrimoine culturel français en demeurant conservateur de la bibliothèque de Carpentras. C'est de se promener nu en avion. C'est d'apprendre à lire aux enfants, c'est d'accepter d'être tué en simple charpentier. Ils sont le pays… pas moi. Je suis du pays.

Pauvre pays!…

Antoine de Saint-Exupéry,
«Lettre à X., 30 juillet 1944»,
Ecrits de guerre,
«Folio», Gallimard, 1982

Lettre à Henri Guillaumet, Casablanca, 1927. «Je pense que Guillaumet continue à faire quatre petits par jour. Il devrait bien m'en passer un», plaisante Saint-Exupéry.

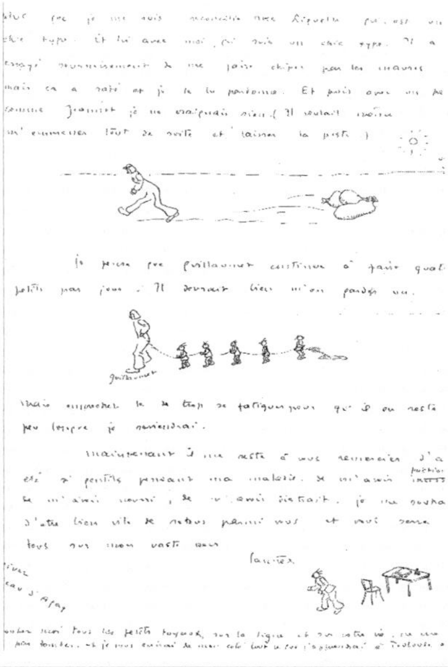
je pense que Guillaumet continue à faire quat[re] petits par jour. Il devrait bien m'en passer un.

Ces merveilleux fous volants...

Dans le second chapitre de «Terre des hommes» intitulé «Les Camarades», Saint-Exupéry adresse un hommage à Mermoz et à Guillaumet. Dans «Pilote de guerre», il fait l'éloge de son ami Jean Israël, qu'il a connu à Orconte pendant la «drôle de guerre». L'amitié est le sentiment qu'il place au-dessus de tous les autres.

Guillaumet et Saint-Exupéry en Argentine devant un Laté 28, en 1930.

«On ne se crée point de vieux camarades»

Saint-Exupéry et Mermoz ont tous les deux grandi dans une atmosphère féminine, privés de la présence d'un père trop tôt disparu. C'est tout ce qui les rapproche : nés dans des milieux sociaux différents, l'Ours et l'Archange ne se ressemblent pas physiquement. Leurs opinions politiques divergent. Pourtant leur amitié, née au milieu des nuages, sur la Ligne, est fondée sur une admiration et un respect mutuel qui ne se démentiront jamais.

Quelques camarades, dont Mermoz, fondèrent la ligne française de Casablanca à Dakar à travers le Sahara insoumis. […] Lorsque s'ouvrit la ligne d'Amérique, Mermoz, toujours à l'avant-garde, fut chargé d'étudier le tronçon de Buenos Aires à Santiago et, après un pont sur le Sahara, de bâtir un pont au-dessus des Andes. […] Quand les Andes

furent bien explorées, une fois la technique des traversées mises au point, Mermoz confia ce tronçon à son camarade Guillaumet et s'en fut explorer la nuit. […] Lorsque la nuit fut bien apprivoisée, Mermoz essaya l'Océan. […]

Ainsi Mermoz avait défriché les sables, la montagne la nuit et la mer. Et quand il était revenu, ça avait toujours été pour repartir. Enfin, après douze années de travail, comme il survolait une fois de plus l'Atlantique Sud, il signala par un bref message qu'il coupait le moteur arrière droit. Puis le silence se fit. Mermoz s'était retranché derrière son ouvrage, pareil au moissonneur qui, ayant bien lié sa gerbe, se couche dans son champs.

Antoine de Saint-Exupéry,
Terre des hommes,
Gallimard, 1939

Le «nez rouge»

L'éloge que Saint-Exupéry fait du pilote Jean Israël dans Pilote de guerre *entraîna son interdiction par les autorités de Vichy.*

Le scrupule du commandant me fait souvenir d'Israël. Je fumais, avant-hier, à la fenêtre de la salle de renseignements. Israël, quand je l'aperçus, marchait rapidement. Il avait le nez rouge. Un grand nez bien juif et bien rouge. J'ai été brusquement frappé par le nez rouge d'Israël.

Cet Israël, dont je considérais le nez, j'avais pour lui une amitié profonde. C'était l'un des plus courageux camarades pilotes du Groupe. L'un des plus courageux et l'un des plus modestes. On lui avait tellement parlé de la prudence juive que, son courage, il devait le prendre pour de la prudence. Il est prudent d'être vainqueur.

Antoine de Saint-Exupéry,
Pilote de guerre, Gallimard, 1942

«Sommes mitraillés. En feu. S.O.S. S.O. …»

Le 27 novembre 1940, Guillaumet est abattu au-dessus de la Méditerranée alors qu'il conduisait en avion Jean Chiappe, nommé haut commissaire en Syrie. Pour Saint-Exupéry, il était resté celui «qui connaissait les trucs qui livrent les clefs de l'Espagne» et qui seul pouvait l'initier aux dangers éventuels.

Guillaumet est mort, il me semble ce soir que je n'ai plus d'amis.

Je ne le plains pas. Je n'ai jamais su plaindre les morts, mais sa disparition, il va me falloir si longtemps pour l'apprendre – je suis déjà lourd de cet affreux travail. Cela va durer des mois et des mois : j'aurai si souvent Casa-Dakar. Des anciens jours de la grande époque des Bréguet 14, Collet, Reine, Lassale, Beauregard, Mermoz, Etienne, Simon, Lécrivain, Wille, Verneilh, Riguelle, Pichodou et Guillaumet, tous ceux qui sont passés par là sont morts et je n'ai plus personne sur terre, avec qui partager mes souvenirs. Me voilà, vieillard édenté et seul, qui remâche tout cela pour lui-même. Et d'Amérique du Sud, plus un seul, plus un…

Je n'ai plus un seul camarade au monde à qui dire « Te rappelles-tu?» Quelle perfection dans le désert. Des huit années les plus chaudes de ma vie, il ne reste plus que Lucas, qui n'était qu'agent administratif et qui est venu tard à la ligne et Dubourdieu avec qui je n'ai jamais vécu, car il n'a jamais quitté Toulouse.

Je croyais que cela n'arrivait qu'aux très vieilles gens, d'avoir semé sur leurs chemins tous leurs amis, tous.

Antoine de Saint-Exupéry,
«Lettre à X., 1er décembre 1940»,
Ecrits de guerre,
«Folio», Gallimard, 1994

«J'ai connu Saint-Ex à la parisienne»

Après chaque épisode fort de sa vie, Saint-Exupéry se retrouve à Paris pour de brefs séjours. Libéré de ses obligations militaires, il est introduit dans le milieu littéraire de la rive gauche et renoue avec ses anciens amis d'adolescence. Entre 1931 et 1939, entre deux reportages, deux raids, il mène la vie des intellectuels parisiens Gide, Jeanson, Fargue, Beucler, Malraux…

«C'était de pied en cap un fils de grande famille française»

Léon-Paul Fargue (1867-1947), disciple de Mallarmé, a toujours revendiqué le «droit à la solitude» pour les poètes. Il a évoqué dans de brillantes chroniques la société parisienne, ses artistes et ses artisans, réservant un traitement de choix à son ami Saint-Exupéry.

Saint-Ex avait le regard étonné, le nez étonné, l'ovale étonné, et pourtant il se dégageait de son visage clair et sain une impression de grand sérieux, tantôt évangélique, et tantôt scientifique. Dirais-je que nous devînmes amis tout de suite? Il avait une façon d'attaquer les questions et les frometons qui convenait à mes méthodes. C'était direct, adroit, sous d'impalpables nappes de fantaisies et de négligences. Il était abondant, rieur… et brusquement attentif. […] C'était de pied en cap, un fils de grande famille française, un seigneur, et

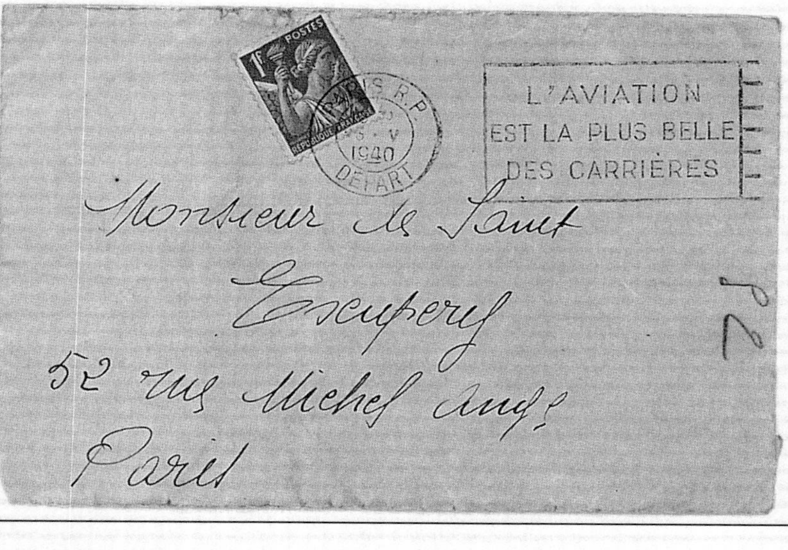

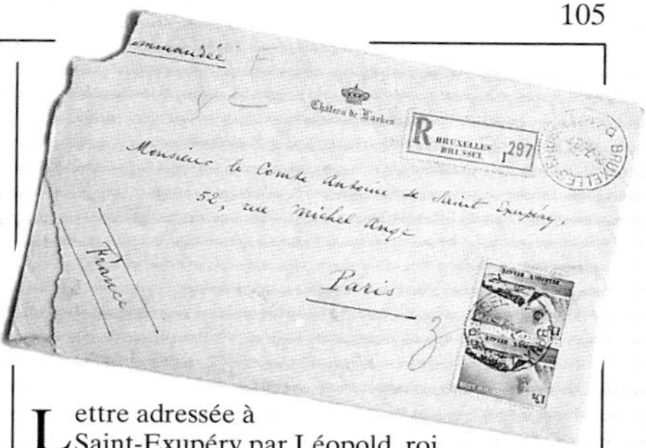

Lettre adressée à Saint-Exupéry par Léopold, roi des Belges, le 21 juillet 1939, après qu'il eut lu *Terre des hommes* et *Vol de nuit.*

l'aventure, le service, l'audace, le calme avaient encore rehaussé cette attitude. Ses exploits, d'abord déconcertants, finirent par étonner vraiment, tant leur teneur en émotion et en dignité étaient riches.

Dans sa courte vie rimbaldienne, où il entrait du chevalier et du romantique, il traversa la vie de Paris comme un aérolithe, et la connut toute, des turqueries de Lancret, de la haute auberge mondaine à la moleskine lie-de-vin d'une brasserie où il faisait prendre parfois, par un domestique rapporté d'Egypte, une falourde de Munster pour régaler ses amis quand il habitait rue de Chanaleilles. Il connut des bars racés du quartier Vendôme et les caboulots périlleux de Meknès ou de Jaguaro, le vide conventionnel des bureaux de ministres où il rendait compte de ses missions et des grands journaux de Paris où il confiait dans son langage serré à la Paul-Louis Courier ses sensations de pilote. Je crois qu'en dix ans d'intimité, je ne le vis que trois fois dans un véritable appartement, dans un chez-soi dont il payait le terme et où il tenait parfois compte des fauteuils et des polices d'assurances… Les chambres où nous nous retrouvions pour passer des heures ensemble étaient des hôtels, des nuits, des petits jours, des gares. Que de fois il fallut attendre le harassement pour se quitter enfin devant l'aéroport de la Coupole ou dans le hall de l'hôtel Lutétia ! Que de nuits aussi j'ai passé à l'attendre, nerveux et tendu, non qu'il fût toujours en retard, mais parce que je le savais à Florianopolis ou en Cyrénaïque et que le radio ne nous disait rien sur le régime de son moteur.

Grand Saint-Ex à qui rien ne fut impossible, et qui laisse d'inguérissables blessures au cœur de ceux qui l'ont vu, même une fois sourire. Car il souriait comme pas un. Non point de certitude, et parce que ses écrits l'ont fait comparer à un Conrad, à un Kipling. Non point parce que sa prose est drue et profonde et qu'on en parlait, ni parce que ses avis comptaient, ni parce qu'il portait un beau nom, ni parce qu'il eut à sa merci les plus nobles camarades que pût souhaiter un homme de sa trempe. Mais tout simplement parce qu'il était charmant, qu'il avait au fond de son cœur princier des joyaux pour tout le monde.

Léon-Paul Fargue,
Souvenir de Saint-Exupéry,
Dynamo,1945

Un grand timide

Henri Jeanson, journaliste, dialoguiste de films, pamphlétaire, fait partie de la joyeuse bande d'amis qui hantent les cafés de Saint-Germain-des-Prés.

Très timide – répétons-le – ce hardi navigateur au sourire d'enfant, au regard innocent, aimait à retrouver autour d'une table où l'on saucissonnait les mêmes visages. Il ne se liait pas volontiers. Je lui ait pourtant fait connaître Galtier-Boissière, Jouvet, Jean Renoir (celui de la bonne époque, le vrai pas le faux, car il y a énormément de faux Renoir), Gaston Bergery, Georges Auric, Robert Desnos et Youkie. Il était quelquefois long à se mettre en train, à décoller. Il ne se livrait pas au dernier venu. Il lui fallait une certaine ambiance. Il faisait, pour s'escamoter, des tours de cartes, et quand il ne se sentait pas en confiance, il s'éloignait mentalement de nous, il allait ailleurs. Il nous laissait son corps en consigne, par politesse, pour sauver les apparences. Il viendrait le rechercher plus tard, quand les emmerdeurs seraient partis. Mais le plus souvent, il se désengourdissait vite, ne tardait pas à s'animer et alors il chantait des chansons que nous reprenions en chœur : «Dans le grand lit de la marquise Nous étions quatre-vingts chasseurs.»

Il récitait du Mallarmé en prenant l'accent suisse et nous racontait des histoires vécues, des histoires des mille et une nuits du désert. Ce conteur génial parlait d'une voix sourde, comme s'il se fût fait à lui-même des confidences. Il ne cabotinait pas. Ce grand artiste ne savait pas ce que c'était qu'un effet. Quelle simplicité ! Ses paysages, ses personnages s'animaient, on les touchaient presque, et s'il faisait froid dans son histoire, on avait froid, et s'il faisait chaud dans son histoire, on s'épongeait, on crevait de soif et quelqu'un toujours allait, sur la pointe des pieds, ouvrir la fenêtre.

Henri Jeanson,
Soixante-Dix Ans d'adolescence,
Stock, 1971

« Quand Saint-Ex imaginait des contes de fées jusqu'au retour de l'aube»

En avril 1929, Saint-Exupéry sonne à la porte d'André Beucler, écrivain déjà confirmé et publié par Gallimard.

Saint-Exupéry à la gare Saint-Lazare en 1938.

Séduit par le jeune auteur qui lui tend timidement le manuscrit de Courrier Sud, *Beucler en écrit la préface.*

Saint-Ex était rond de partout et parfois carrément lunaire, sans être gros de nulle part, un peu trop gros cependant pour sa timidité. Porteur des épreuves de son premier roman, il était venu chez moi dans le dessein de faire ma connaissance et n'avait pas osé attendre. Des amis communs lui avaient indiqué mon adresse. Ne m'ayant pas trouvé, il laissa la sienne. Deux jours plus tard, nous étions de vieux camarades. [...]

Oui, ce fut un grand instant pour moi et je me disais : «Voilà l'homme que j'aurais voulu inventer.» Je revois Saint-Ex à la terrasse d'un café de l'avenue de Wagram; il avait l'air de tenir sa destinée en main comme il tenait un verre, de la créer, de la maintenir en pleine lumière, d'être à la tête de lui-même. Ah! il n'était pas encombré, ne provoquait rien, pas même un calembour, de façon artificielle et entendait être l'homme d'une seule loyauté. […]

Alors Saint-Ex se mit à nous réciter, car il le savait par cœur, un conte de fées. Quelque chose de très joli, de très doux, de très apaisant. Autour de nous, nos voisins de table écoutaient discrètement. Nous étions véritablement sous le charme. Puis le narrateur se tut. Il y eut un moment de silence, comme ceux qui suivent la fin d'un film excellent et finalement Fargue murmura : «Une des cent millions d'étoiles vient de tomber dans mon verre…» Et ce jour-là nous restâmes ensemble jusqu'au retour de l'aurore.

André Beucler,
Le Figaro littéraire,
30 juillet 1949

Un nomade à Paris

Entre 1919 et 1939, Saint-Exupéry a vécu treize ans à Paris pendant lesquels il a habité dix adresses différentes. En 1935, en proie à des difficultés financières, il a même laissé Youti, le pékinois de Consuelo, en gage à la concierge pour qu'elle leur garde leurs meubles. Peu lui importe le confort bourgeois. C'est un nomade qui garde au fond du cœur le souvenir de la maison de son enfance, où il a passé les plus belles années de sa vie, et qui a été vendue. Pour ne plus souffrir de la séparation d'avec un lieu qu'il aime, il passe de maison en maison sans s'y attacher «car je suis d'abord celui qui habite».

Les différentes adresses de Saint-Ex à Paris.

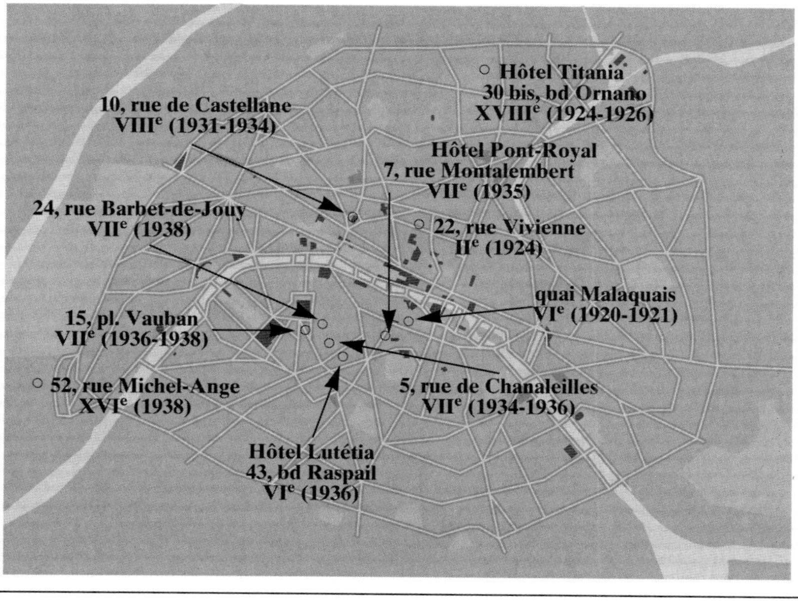

«On est un peu seul dans le désert…»

Saint-Exupéry a toujours été attiré par le silence dans lequel ses pensées peuvent prendre forme. Son séjour à Cap-Juby a signifié un tournant décisif dans sa vie : c'est là qu'il apprivoise la solitude, les grands espaces et qu'il s'adonne à la méditation sur le temps qui passe.

Dessin extrait d'une lettre à Guillaumet.

«Et pourtant, nous avons aimé le désert»

Saint-Exupéry réalise qu'il faut aborder le désert comme un nomade.

S'il n'est d'abord que vide et que silence, c'est qu'il ne s'offre point aux amants d'un jour. Un simple village de chez nous déjà se dérobe. Si nous ne renonçons pas pour lui au reste du monde, si nous ne rentrons pas dans ses traditions, dans ses coutumes et dans ses rivalités, nous ignorons tout de la patrie qu'il compose pour quelques-uns. […]

Les sables sont d'abord déserts, puis vient le jour où, craignant l'approche d'un rezzou, nous y lisons les plis d'un grand manteau dont il s'enveloppe. Le rezzou aussi transfigure les sables.

Nous avons accepté la règle du jeu, le jeu nous forme à son image. Le Sahara, c'est en nous qu'il se montre. L'aborder, ce n'est point visiter l'oasis, c'est faire notre religion d'une fontaine.

Antoine de Saint-Exupéry,
Terre des hommes, Gallimard, 1939

«Dès mon premier voyage, j'ai connu le goût du désert»

Passant une nuit dans le désert, le pilote en comprend la magie.

Dans le désert, on sent l'écoulement du temps. Sous la brûlure du soleil, on est en marche vers le soir, vers ce vent frais qui baignera les membres et lavera toute sueur. Sous la brûlure du soleil, bêtes et hommes, aussi sûrement que vers la mort, avancent vers ce grand abreuvoir. Ainsi l'oisiveté n'est jamais vaine. Et toute journée paraît belle comme ces routes qui vont à la mer.

[…] Sous la brûlure du jour, marcher vers la nuit, et sous la glace des étoiles nues souhaiter la brûlure du jour.

Heureux les pays du Nord auxquels les saisons composent, l'été, une légende de neige, l'hiver, une légende de soleil, tristes tropiques où dans l'étuve rien ne change beaucoup, mais heureux aussi ce Sahara où le jour et la nuit balancent si simplement les hommes d'une espérance l'autre.

Antoine de Saint-Exupéry, *op. cit.*

«Qu'a-t-il donc appris dans le désert?»

Le désert, éloignement physique et moral, a fait de lui un homme différent.

Il y a eu d'abord la séparation d'avec les êtres chers, l'éloignement de la petite et de la grande patrie. L'exil fait mieux sentir les liens qui nous attachent à notre sol natal. Il y a eu ensuite le renoncement consenti à tout ce qui fait la vie douce et charmante, le renoncement aux biens matériels qui sont pour beaucoup d'hommes l'essentiel de la vie. Il y a eu la rêverie solitaire face au désert et la contemplation des étoiles, la musique intérieure qui à certaines heures chante au plus profond de nous même et nous aide à nous oublier chez les chimères. Il y a eu surtout les camarades, les hommes et les Maures.

Didier Daurat,
Saint-Exupéry tel que je l'ai connu,
Dynamo, 1954

Les bruits du silence

C'est le silence qui a le plus marqué Saint-Exupéry.

Certes le Sahara n'offre à perte de vue qu'un sable uniforme, ou plus exactement, car les dunes y sont rares, une grève caillouteuse. On y baigne en permanence dans les conditions mêmes de l'ennui. Et cependant d'invisibles divinités lui bâtissent un réseau de directions, de pentes et de signes, une musculature secrète et vivante. Il n'est plus d'uniformité. Tout s'oriente. Un silence même n'y ressemble pas à l'autre silence.

Il y a un silence de la paix quand les tribus sont conciliées, quand le soir ramène sa fraîcheur et qu'il semble que l'on fasse halte, voiles repliées dans un port tranquille. Il est le silence de midi, quand le soleil suspend les pensées et les mouvements. Il est un faux silence quand le vent du nord a fléchi et que l'apparition d'insectes, arrachés comme du pollen aux oasis de l'intérieur, annonce la tempête d'est porteuse de sable. Il est un silence de complot, quand on connaît d'une tribu lointaine, quelle fermente. Il est un silence du mystère, quand se noue entre les Arabes leurs indéchiffrables conciliabules. Il est un silence tendu quand le messager tarde à revenir. Un silence aigu, quand la nuit, on retient son souffle pour entendre. Un silence mélancolique, si l'on se souvient de qui l'on aime.

Antoine de Saint-Exupéry,
Lettre à un otage,
Gallimard, 1944

“Ça c'est pour moi, le plus beau et le plus triste paysage du monde.” *Le Petit Prince*

«Léon Werth, j'aime boire avec vous un Pernod sur les bords de la Saône»

Saint-Exupéry rencontre Léon Werth en mai-juin 1932. De vingt-trois ans son aîné, cet écrivain sera pour le pilote une présence paternelle, un ami, un confident, un lecteur attentif et un correspondant fidèle, jusqu'à sa disparition. C'est à lui qu'il dédie Le Petit Prince.

Illustration d'André Dunoyer de Segonzac pour *Lettre à un otage.*

«Si je diffère de toi, loin de te léser, je t'augmente»

Selon son humeur, Antoine signait ses lettres à Léon Werth «Saint-Exupéry» «Saint-Ex» ou «Tonio».

Laon, février 1940

Cher Léon Werth

[…] J'ai infiniment besoin de vous, parce que vous êtes d'abord, je crois, celui que j'aime le mieux de mes amis, et puis parce que vous êtes ma morale. Je crois que je comprends les choses un peu comme vous et vous m'enseignez bien. Et j'ai souvent de longues discussions avec vous, et je ne suis pas partial, je vous donne presque toujours raison. Mais aussi, Léon Werth, j'aime boire avec vous un Pernod sur les bords de la Saône en mordant dans du saucisson et du pain de campagne. Je ne sais pas dire pourquoi, cet instant-là me laisse un goût de plénitude si parfaite, mais je n'ai pas besoin de la dire, puisque vous le savez encore mieux que moi, j'étais bien content et je voudrais bien recommencer.

Antoine de Saint-Exupéry,
Ecrits de guerre,
«Folio», Gallimard, 1994

«Un très grand écrivain frappé d'oubli»

Cet ami pour qui, pendant l'Occupation, Saint-Ex, Saint-Exupéry et Tonio n'ont cessé de trembler était un porteur d'étoile jaune : Léon Werth. J'ai bien connu Léon Werth naguère, au *Journal du peuple* d'Henri Fabre. Libertaire, pacifiste, antimilitariste, familier de Vlaminck, ami de Mirbeau et de Séverine, critique d'art écouté, Léon Werth avait écrit un des plus beaux livres de la guerre de 14 : *Clavel soldat*. Serviable et généreux en dépit d'une pauvreté acceptée avec dignité et bonne humeur, Léon Werth avait pour toute richesse l'amitié de Saint-Ex, lui-même toujours à court d'argent. La *Lettre à un otage* si belle et si compréhensive, si antigaulliste par son absence de haine, c'est à l'intention de Werth, son aîné de vingt-trois ans, israélite traqué par la Gestapo, que Saint-Ex l'a écrite, et c'est à Léon Werth encore qu'il a dédié *Le Petit Prince* par quoi survivra le nom de Werth. Peut-être un jour quelque lecteur se demandera-t-il qui était ce Werth dont Saint-Ex faisait tant de cas et peut-être ainsi découvrira-t-on un très grand écrivain frappé d'oubli. C'était un petit homme au profil aigu, portant lorgnon, pas le moins du monde aigri, pour qui la peinture des autres, les écrits des autres étaient une raison de vivre et qui tirait de sa pipe toute une philosophie.

Henri Jeanson,
Soixante-Dix Ans d'adolescence,
Stock, 1971

«Parmi les étoiles»

Dans un livre retraçant la vie de Saint-Exupéry paru en 1948, Léon Werth a ajouté un chapitre dans lequel il raconte son ami Tonio, qui en privé n'était pas vraiment différent de l'homme public.

Que m'importe à moi qu'il fut grand, qu'il fut génial et même qu'il fut le plus pur des hommes? Je ne veux connaître de lui que notre amitié. Et qu'ont à faire de cette amitié ceux qui n'y ont point été mêlés?

Si je renonce au silence, c'est qu'on a souvent donné de lui des portraits monolithiques, où l'on ne distingue point de ressemblance. Et certes, il fut le compagnon de Mermoz et de Guillaumet. Et certes il fit de l'aviation une sorte de poésie. Il fut l'archange entre ciel et terre, parmi les étoiles, dans cette nuit, où, perdu dans l'espace, ne sachant plus quelles lumières étaient celles de la terre, il eut à choisir entre les planètes, ayant égaré la sienne. Et certes sa légende héroïque est intacte. Il fut égal à sa légende. C'est miracle. Et même je sais tel cas où il fut supérieur à sa légende. [...]

Il avait la curiosité des vastes systèmes, et il en fabriquait lui-même pour son usage personnel et celui de ses amis. De préférence tard dans la nuit. A l'heure où les philosophes viennent à portée de main, je l'ai entendu se complaire à l'idée que toute discipline, art ou science n'est jamais que langage, que le langage est tout. [...]

L'amitié de Saint-Exupéry ignorait cette discrétion, qui est de ne point apercevoir la peine qu'un ami dissimule et que pourtant il voudrait bien révéler. Je ne dirai rien d'autre. Car c'est de lui qu'il est question et non de moi. Et je n'y puis rien : en amitié on est deux. Et si par-delà l'Océan, pendant l'Occupation, il me cria son amitié, c'est parce qu'il n'avait pas d'autre moyen, pour m'en communiquer la fidélité, que de la rendre publique.

Léon Werth,
Saint-Exupéry, tel que je l'ai connu,
Seuil, 1948

Saint-Ex inventeur

D'esprit inventif et curieux, Saint-Exupéry aimait poser des colles à ses amis sous forme de problèmes mathématiques. A partir de 1934, il dépose quatorze brevets d'invention relatifs à la navigation aérienne. En France et aux Etats-Unis, il rencontre à plusieurs reprises d'éminents chercheurs.

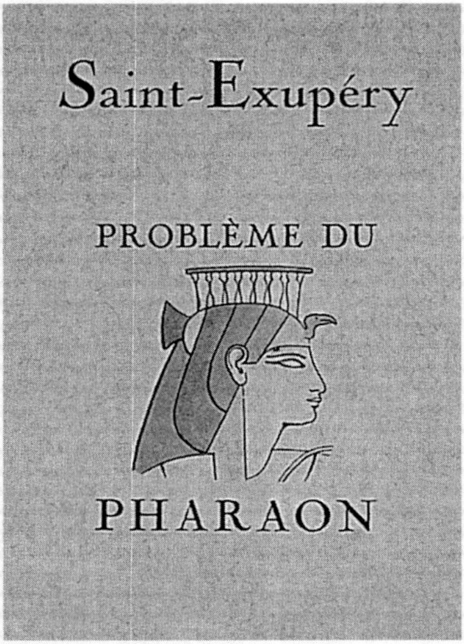

Le «Problème du pharaon»

Saint-Exupéry eut l'idée du «Problème du pharaon» à la suite de son séjour en Egypte en 1935 durant lequel il visita les Pyramides. Ecrit la même année, il n'était pas, à l'époque, destiné à la publication. Or, en 1957, à Liège, une plaquette sera éditée en cinquante et un exemplaires par Pierre Ælberts, en 1957.

Un pharaon décida d'ériger, en utilisant seulement des pierres taillées en cubes de 10 cm de côté, une stèle massive géante en forme de parallélépipède rectangle dont la hauteur fut égale à la diagonale de la base.

Il ordonna à un certain nombre de fonctionnaires de rassembler chacun une part égale de matériaux exactement prévus pour l'érection de la stèle. Puis il mourut.

Les archéologues contemporains ne retrouvèrent qu'un seul de ces dépôts. Ils y dénombrèrent 348 960 150 cubes de pierres.

Ils ne surent rien des autres dépôts, sinon que le nombre total de ces dépôts était, pour des raisons mystiques, un nombre premier.

Cette découverte leur permit cependant de calculer rigoureusement les dimensions de la stèle prévue et de démontrer qu'il n'était qu'une seule solution possible.

Faites en autant.

N. B. A) Ce problème ne nécessitant aucun tâtonnement numérique, nous donnons pour vous éviter la seule fastidieuse corvée, la décomposition de 348 960 150 en facteurs premiers, soit : 2. 35. 52. 7. 11. 373.

B) La solution, par empirisme laborieux, ne compte pas.

Solution du problème

Erreur volontaire ou involontaire, 25 – 19 n'ont jamais fait 7!…

I. La condition nécessaire suffisante pour que l'expression a2 + b2 = c2 soit vraie pour des nombres entiers est que les nombres a, b, et c soient :
a = 2 p m n
b = p (m2 - n2)
c = p (m2 + n2)
(Théorème que Saint-Exupéry avait établi au préalable.)

II. Nous savons qu'on a :
a, b, c = 348 960 150 x x (1) = kx
a2 + b2 = c2 (2)
a, b, entiers (3)
x premier (4)

III. On a a, b, c= 2 p3 m n (m2 + n2)
on en déduit tout de suite que :
x = 2 puisque x est un nombre premier.

IV. On sait que :
k = 348 960 150 = 2. 35. 52. 7. 11. 373
avec l'expression p3 m n (m + n) (m - n) (m2 + n2) on établi que p3 ne peut être que 33 puisqu'on dresse le tableau suivant :

32.52.11.373	18	25	7	11	373
	9	50	7	11	373
	9	25	14	11	373
	9	25	7	22	373
	9	25	7	11	746

Il faut que l'on trouve : m, n, m = n, m - n

ce qui n'est réalisé qu'avec
11 + 7 = 18 25 - 19 = 7
(ligne 1)

Finalement on a : p = 3
m = 18 2.32
n = 7

D'où : m + n = 25
m - n = 11
m2 + n2 = 373

V. Et enfin : a = 6.18.7 = 75m 6
b = 3 (182 - 72) = 82m 5
c = 3 (182 + 72) = 111m 9

De la bicyclette à voile aux brevets d'invention

Aucune application industrielle ne fut jamais donnée à aucun des brevets de Saint-Exupéry déposés à l'Institut national de la propriété industrielle, du moins en France. Or toutes les préfigurations se retrouvent dans des appareils américains. On sait qu'aux Etats-Unis Saint-Exupéry rencontra plusieurs fois d'éminents chercheurs.

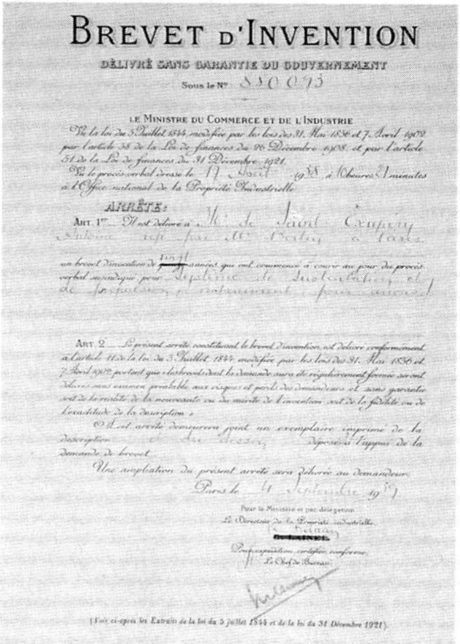
BREVET D'INVENTION
DÉLIVRÉ SANS GARANTIE DU GOUVERNEMENT
Sous le N° 830 093

LE MINISTRE DU COMMERCE ET DE L'INDUSTRIE
Vu la loi du 5 Juillet 1844, modifiée par les lois des 31 Mai 1856 et 7 Avril 1902 par l'article 38 de la Loi de finances du 26 Décembre 1908, et par l'article 51 de la Loi de finances du 31 Décembre 1921,
Vu le procès-verbal dressé le 17 Avril 1938 à 10 heures 21 minutes à l'Office national de la Propriété Industrielle.

ARRÊTE :
ART. 1er. — Il est délivré à M. de Saint Exupéry [illegible]
un brevet d'invention de 1821 années qui ont commencé à courir au jour du procès-verbal susindiqué pour [illegible]

ART. 2. — Le présent arrêté constituant le brevet d'invention est délivré conformément à l'article 11 de la loi du 5 Juillet 1844, modifiée par les lois des 31 Mai 1856 et 7 Avril 1902, portant que les brevets dont la demande aura été régulièrement formée seront délivrés sans examen préalable aux risques et périls des demandeurs et sans garantie soit de la réalité de la nouveauté ou du mérite de l'invention, soit de la fidélité ou de l'exactitude de la description ;
Au présent arrêté demeurera joint un exemplaire imprimé de la description [illegible] déposée à l'appui de la demande de brevet.
Une ampliation du présent arrêté sera délivrée au demandeur.
Paris le 4 Septembre 1938

Pour le Ministre et par délégation
Le Directeur de la Propriété industrielle
Pour expédition certifiée conforme
Le Chef de Bureau

(Voir ci-après les Extraits de la loi du 5 juillet 1844 et de la loi du 31 Décembre 1921)

«Nous, éternels nomades de la marche vers Dieu»

Saint-Exupéry a été élevé dans la religion catholique. Si avec l'âge adulte il remet en cause le dogme, il garde en lui un très haut degré de spiritualité. Il s'éloigne de la religion dictée par les hommes et non du sens du divin. Sa vie solitaire dans les sables du désert ou aux commandes de son avion l'a porté à la réflexion sur ce Dieu qu'il envisage mais qu'il n'a pas rencontré.

La nostalgie de Dieu

C'est très étrange que je ne puisse avoir la foi. On aime Dieu sans espoir : ça m'irait tout à fait. Solesmes et le chant grégorien.

Plain-chant, pleine mer. J'ai souvent pensé là-dessus. Avant de quitter Lyon, je suis monté une fois à Fourvières, un dimanche après midi. C'était les vêpres (?). Il faisait froid. L'église était vide, sauf le chœur. Et je me suis trouvé absolument dans un navire : dans le chœur l'équipage et moi, le passager. Oh, passager très clandestin. Et j'avais l'impression de m'être glissé là, tout à fait en fraude. Et j'étais – c'est cela – ébloui. Ebloui par une évidence que je ne parviens jamais à retenir.

Antoine de Saint-Exupéry,
«Lettre à X., 1943»,
Ecrits de guerre,
«Folio», Gallimard, 1994

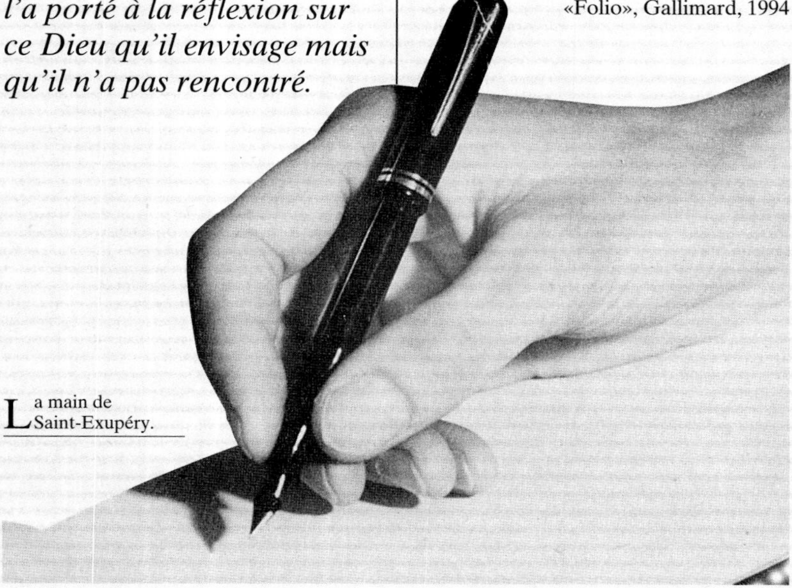

La main de Saint-Exupéry.

«Je sais bien qu'il ne s'agissait pas de te parler de fontaines, mais de Dieu»

C'est pourquoi, si je désire t'enseigner Dieu, je t'enverrai d'abord gravir des montagnes afin que crête d'étoiles ait pour toi sa pleine tentation. Je t'enverrai mourir de soif dans les déserts afin que fontaines te puissent enchanter. Puis je t'enverrai six mois rompre des pierres afin que soleil de midi t'anéantisse. Après quoi, je te dirai «Celui-là qui a vidé le soleil de midi, c'est dans le secret de midi qu'ayant gravi la crête d'étoiles, il s'abreuve au silence des divines fontaines.

Et tu croiras en Dieu.

Et tu ne pourras me le nier puisque simplement il sera, comme est la mélancolie dans le visage si je l'ai sculptée.

Car il n'est point de langage ou acte mais deux aspects du même Dieu. C'est pourquoi je dis prière, le labeur, et labour, la méditation.

Antoine de Saint-Exupéry,
Citadelle, Gallimard, 1948

L'homme et son Créateur

Durant des siècles, ma civilisation a contemplé Dieu à travers les Hommes. L'homme a été créé à l'image de Dieu. On respectait Dieu en l'homme. Les hommes étaient frères en Dieu. Ce reflet de Dieu conférait une dignité inaliénable à chaque homme. Les relations de l'homme avec Dieu fondaient avec évidence les devoirs de chacun vis à vis de soi même ou d'autrui.

Ma civilisation est héritière des valeurs chrétiennes. Je réfléchirai sur la construction de la cathédrale afin de mieux comprendre son architecture.

> **L'Esprit de la Terre**
>
> Retrouvé dans la malle de Saint-Exupéry après sa disparition, le texte de *L'Esprit de la Terre* n'était pas de lui, mais de Pierre Teilhard de Chardin.

Ma civilisation, héritant de Dieu,
a fait les hommes égaux en l'Homme.

Antoine de Saint-Exupéry,
Pilote de guerre, Gallimard, 1942

«Le cœur s'emploie à la prière»

Je te l'ai dit de la prière qui est l'exercice de l'amour, grâce au silence de Dieu. Si tu avais trouvé Dieu, tu te fonderais en Lui, désormais accompli. Et pourquoi grandirais-tu pour devenir? Donc, quand celui-là se penchait sur elle, qui était murée dans son orgueil comme au centre de triple remparts, et tellement impossible à sauver, il plaignait désespérément le sort des hommes : «Seigneur, disait-il, je comprends et j'attends les larmes. Elles sont pluie où se fond le péril de l'orage, détente de l'orgueil et pardon permis. Que celle-là se dénoue et pleure et je pardonne. Mais, comme un animal sauvage et qui se défend et de ses dents et de ses griffes contre l'injustice de ta création, elle ne sait point ne point mentir.»

Et il la plaignait d'avoir si peur. Et il disait à Dieu, parlant des hommes : «Tu leur as fait peur une fois pour toutes avec les dents, les épines, les griffes, les venins, les écailles pointues, les ronces de ta création. Il faut bien du temps pour les rassurer et qu'ils reviennent.» Et celle-là qui mentait, il savait bien qu'elle était tellement lointaine, tellement perdue et qu'il lui faudrait tellement marcher pour revenir!

Antoine de Saint-Exupéry,
Citadelle, Gallimard, 1948

«J'ai un peu le cafard»

Sous ses apparences de bon vivant, Saint-Exupéry est un être anxieux. Où qu'il aille, il a le regret du temps qui passe : la nostalgie de son enfance, d'une vie dans le désert où il s'est ennuyé, des vols téméraires à l'Aéropostale, de la France d'avant la guerre…
C'est surtout dans sa correspondance que l'on ressent cette lassitude et ce sentiment de mélancolie envers une vie qu'il aurait voulue plus souriante.

«C'est affreux. Je suis de retour au bureau. Tout est à recommencer»

En 1924, Saint-Exupéry travaille aux Tuileries de Boiron et s'y ennuie mortellement.

Mon vieux, ma situation me dégoûte ; je bâille dans un bureau de 2 mètres x 2 mètres et je regarde la pluie tomber dans la cour où donne ma fenêtre. Je fais aussi des additions. Je suis aussi chargé de classer des papiers. Ils sont ensuite en sécurité car on ne les retrouve plus jamais. La vie est bien mélancolique. Je continue à acheter des billets de loterie pour qu'elle soit un peu plus imprévue. Je voudrais bien changer de bureau et de situation : il y a bien trop longtemps que je fais la même chose. Je suis le type le plus découragé qui soit au monde. Apprends des histoires drôles de l'Almanach Vermot pour me les dire.

Zut. Je dois faire pitié dans ma cage, mais aucun ami n'est là pour me plaindre. Il est exactement 11h moins quatre. Dans une heure quatre minutes, je sortirai.

Antoine de Saint-Exupéry,
«Lettre à Charles Sallès, 11 juillet 1924»,
«La Pléiade», Gallimard, 1994

«Je suis un ours pas bien sympathique»

Renée de Saussine, dite Rinette, née en 1897, est la sœur aînée de Bertrand de Saussine, camarade d'Antoine au Lycée Saint-Louis à Paris. Elle jouait du violon en virtuose et donnait des concerts. Elle entretint avec Saint-Exupéry une longue correspondance éditée en 1953 sous le titre de «lettres à une amie inventée.»

Rinette, la nuit, je ne suis pas semblable. J'ai quelque fois un peu d'angoisse quand je reste dans mon lit les yeux ouverts. Je n'aime pas que l'on m'ait annoncé la brume. Je ne veux pas demain me casser la figure. Le monde n'y perdrait pas grand-chose, mais moi tout. Pensez à tout ce que je possède d'amitiés et de souvenirs et de soleil à Alicante. Et ce tapis arabe que j'ai acheté aujourd'hui, et qui m'alourdit d'une âme de propriétaire, moi qui étais si léger et qui n'avais rien.

Rinette, j'ai un camarade dont les mains ont été brûlées. Je ne veux pas que mes mains soient brûlées. Je les regarde et je les aime. Elle savent écrire, lacer des souliers, improviser des opéras que vous n'aimez pas mais qui m'attendrissent, ça m'a demandé vingt ans d'exercices. Et quelquefois elles emprisonnent des visages. Pensez.

Rinette, ce soir, je suis inquiet comme un lièvre… La nuit, tout me semble fragile. Et ce qui me rattache à tous ceux que j'aime. Qui dorment. Je suis plus inquiet qu'un garde-malade quand je veille de mon lit la nuit. Quand je les veille. Je garde si mal les trésors.

Antoine de Saint-Exupéry,
«Lettre à Rinette, Casablanca le 3 janvier 1927»,
«La Pléiade», Gallimard, 1994

«Ce pays me semble d'ailleurs de plus en plus bête»

Le mot qui revient sur toutes les lèvres de ceux qui ont fait escale à Cap-Juby est «neurasthénique». Après l'enthousiasme des premiers mois, Saint-Exupéry est lui aussi gagné par l'ennui.

J'en ai assez de surveiller le Sahara avec la patience d'un garde-voie. Si je ne faisais pas quelques courriers sur Casablanca et plus rarement sur Dakar, (mais Dakar est une poubelle) je deviendrai neurasthénique. […] Je suis en train de devenir grincheux. Après avoir été envers les Maures d'une mansuétude infinie, je commence à les mener de façon plus coriace. Ils sont voleurs, menteurs, bandits faux et cruels. Ils tuent un homme comme un poulet, mais ils déposent leurs poux par terre. S'ils possèdent un chameau, un fusil et dix cartouches, ils se croient les maîtres du monde. Ils me disent aimablement que s'ils te rencontrent à un kilomètre, ils te couperont en morceaux. Ils me donnent pourtant un joli nom : le commandant des oiseaux.

Antoine de Saint-Exupéry,
Lettre à sa mère,
«Folio», Gallimard, 1984

«Je suis tellement, tellement, tellement triste»

En 1943, Saint-Exupéry, qui a rejoint les Alliés en Algérie, réalise que les dissensions sont les mêmes qu'outre-Atlantique. Interdit de vol à cause de son âge, il est désespéré de ne pouvoir servir son pays.

Cette incommunicabilité de l'époque me touche plus que tout au monde. J'ai tellement envie déjà des les quitter tous, ces imbéciles. Qu'ai-je à faire ici sur cette planète? On ne veut pas de moi? Ça tombe bien : je ne voulais pas d'eux. Je leur rendrai avec plaisir mon tablier de contemporain. Je ne parviens pas à en trouver un qui ait quelque chose à dire qui m'intéresse. Ils me haïssent? C'est surtout fatigant, je voudrais bien me reposer. Je voudrais être jardinier parmi les légumes. Ou être mort. […]

Oh ! non, ce n'est pas physique ma tristesse. Je sais bien que je ne supporte pas l'angoisse sociale. Je suis tout rempli, comme un coquillage, de ce bruit-là. Je ne sais pas être heureux seul. L'Aéropostale, c'était l'allégresse. Tout de même, comme c'était grand ! Je ne puis plus vivre dans cette misère. Je ne le puis plus.

Antoine de Saint-Exupéry,
«Lettre à X., décembre 1943»,
Ecrits de guerre, «Folio», Gallimard, 1994

POUR UNE FONDATION ANTOINE-DE-SAINT-EXUPÉRY

Fondé en 1998 par la famille des héritiers d'Antoine de Saint-Exupéry et étayé par l'association Espace Saint-Exupéry qui est chargée de le mener à bien, le projet de la future Fondation Antoine-de-Saint-Exupéry a pour but de conserver la mémoire de l'écrivain et de prolonger par des actions concrètes les idées de cet homme exceptionnel. Il a été lancé à Lyon, sa ville natale, le 27 février 1998.

Pour concrétiser ce projet, il a fallu lui choisir un lieu : quoi de plus naturel que de créer cet événement dans la maison même qui a vu s'épanouir l'enfance de l'écrivain : le château de Saint-Maurice-de-Rémens, dans l'Ain. La Fondation fait tout ce qui est en son pouvoir pour y créer un Espace Saint-Exupéry regroupant un musée de l'enfance et de la vie de Saint-Exupéry, le musée de l'aviateur et de l'inventeur, la médiathèque qui conservera ses manuscrits, archives personnelles, photographies, documents sonores et filmés, éditions françaises et étrangères, bibliographies, thèses et articles le concernant, le tout regroupé à destination des étudiants et des chercheurs qui pourront y être hébergés afin de vivre dans le lieu même où a vécu l'écrivain.

A la veille du centenaire de la naissance de l'écrivain, la future fondation s'est donné pour mission de participer à un certain nombre de projets liés au message de Saint-Exupéry, principalement ceux inhérents à la jeunesse : soutenir des actions de réinsertion et d'intégration en liaison avec le SAMU social, collaborer à la promotion de la francophonie (Prix Saint-Exupéry-Valeurs Jeunesse, bourses...)

Soutien et axe de toutes les associations qui travaillent en liaison avec le souvenir de Saint-Exupéry (Les Amis de Saint-Exupéry, Découvertes, Air Aventure, Citadelle, Terre des Hommes Alsace, Petits Princes, Dessine-moi un mouton), la future fondation va s'efforcer d'aider à la réalisation des projets les plus divers de création et d'entretien de monuments ou de lieux du souvenir consacrés à Antoine de Saint-Exupéry (musée à Hakone au Japon, monuments en Corse, à New York, au Maroc, en Patagonie, au Liban...). Elle sera présente aux différentes manifestations perpétuant la connaissance de Saint-Exupéry et de son œuvre et aux hommages qui lui seront rendus dans le monde entier lors du centième anniversaire de la naissance de l'écrivain en l'an 2000.

Enfin, elle se lance dans le développement des supports permettant de mieux faire connaître la vie, les idées et l'œuvre de Saint-Exupéry (site Internet, bourses de recherches, information).

Pour tout renseignement complémentaire (statuts, conseil d'administration, bulletins de souscription), les différents moyens de contact sont les suivants :

Projet de Fondation Antoine-de-Saint-Exupéry

5, rue Roger
75014 Paris

Tél. 01 43 22 58 90
Fax. 01 43 22 71 50

E.mail : Saint Exupery @wanadoo.fr
site : http://www.saint-exupery.org

BIBLIOGRAPHIE

Antoine de Saint-Exupéry :
- *Courrier Sud*, Gallimard, 1929.
- *Vol de Nuit*, Gallimard, 1931.
- *Terre des hommes*, Gallimard, 1939.
- *Pilote de guerre*, Gallimard 1942
- *Lettre à un otage*, Gallimard, 1944.
- *Le Petit Prince*, Gallimard, 1946.
- *Citadelle*, Gallimard, 1948.
- *Lettres à sa mère*, Gallimard, 1984.
- *Ecrits de guerre*, Gallimard, 1994.
- *Œuvres complètes* «La Pléiade», Gallimard, 1994.

Cahiers Saint-Exupéry :
Tomes 1, 2 et 3, Gallimard, 1980, 1981, 1989.

- Curtis Cate, *Saint-Exupéry, laboureur du ciel*, Grasset, 1994.
- Pierre Chevrier, *Saint-Exupéry, la bibliothèque idéale*, Gallimard, 1958.
- Hugo Pratt, *Saint-Exupéry, le dernier vol*, Casterman, 1994.
- Stacy de La Bruyère, *Saint-Exupéry, une vie à contre-courant*, Albin Michel, 1994.
- Léon Werth, *La Vie de Saint-Exupéry*, Editions du Seuil, 1948.

- *Icare*, revue de l'aviation française, volumes consacrés à Saint-Exupéry : nos 69, 71, 75, 78, 84, 96.

TABLE DES CITATIONS

p. 13 Chapeau. *Terre des hommes*, Gallimard, Folio, p. 65.
p. 15 Intertitre. *Terre des hommes, op. cit.*, p. 109.
p. 16 Intertitre. *Pilote de guerre*, Gallimard, Folio, p. 5.
p. 16 Légende. *Pilote de guerre, op. cit.*, p. 6.
p. 17 Texte courant. *Pilote de guerre, op cit.*, p. 42.
p. 21 Intertitre. *Lettres à sa mère*, Gallimard, Folio, p. 219.
p. 21 Légende. *Courrier Sud*, Gallimard, Folio, p. 122.
p. 23 Intertitre. *Textes de jeunesse*, Gallimard, Pléiade, p. 6.
p. 24 Intertitre et texte courant. *Pilote de guerre*, Gallimard, Folio, p. 154.
p. 24 Légende. *Lettres à sa mère*, Gallimard, Folio, p. 37.
p. 26 Texte courant. *Lettres aux amis*, Gallimard, Pléiade, p. 837.
p. 26 Intertitre. Jean Escot, «Un grand ami, Saint-Exupéry», coupure de presse non identifiée, non datée.
p. 27 Légende. *Lettre à sa mère*, Gallimard, Folio, p. 58.
p. 28 Intertitre. *Lettre à sa mère, op. cit.*, p. 107.
p. 29 Texte courant. *Lettre à sa mère, op. cit.*, p. 121.
p. 29 Intertitre. *Lettre à sa mère, op. cit.*, p. 127.
p. 29 Légende. *Lettres aux amis*, Gallimard, Pléiade, p. 847.
p. 30 Texte courant. *Lettres à sa mère*, Gallimard, Folio, p. 141.
p. 30 Intertitre. *Lettres aux amis*, Gallimard, Pléiade, p. 849.
p. 31 Texte courant. *Lettres à Rinette*, Gallimard, Pléiade, p. 792.
p. 33 Chapeau. *Lettres à sa mère*, Gallimard, Folio, p. 172.
p. 34 Intertitre. *Lettres à sa mère*, *op. cit.*, p. 175.
p. 34 Texte courant. J. Prévost, in *Le Navire d'argent*, 1926.
p. 35 Texte courant. *Lettres à sa mère*, Gallimard, Folio, p. 175.
p. 35 Intertitre. *Articles*, Gallimard, Pléiade, p. 302.
p. 36 Texte courant. *Terre des hommes*, Gallimard, Folio, p. 16.
p. 36 Intertitre. *Lettres à Rinette*, Gallimard, Pléiade, p. 812.
p. 36 Légende. *Lettres à Rinette, op. cit.*, p. 813.
p. 38 Intertitre. *Lettres à Rinette, op. cit.*, p. 816.
p. 38 Texte courant. *Lettres à Rinette, op. cit.*, p. 817.
p. 38 Intertitre. *Lettres à sa mère*, Gallimard, Folio, pp. 191-192.
p. 41 Légende. *Lettres à sa mère, op. cit.*, p. 194.
p. 43 Légende. *Lettres à sa mère, op. cit.*, p. 185.
p. 44 Intertitre. *Lettres à sa mère, op. cit.*, p. 196.
p. 44 Légende. *Lettres à sa mère, op. cit.*, p. 204.
p. 45 Texte courant. *Lettres à sa mère, op. cit.*, p. 205.
p. 45 Texte courant. *Lettre à un otage*, Gallimard, 1944, pp. 23-24.
p. 47 Chapeau. *Lettres à Rinette*, Gallimard, Pléiade, pp. 819-820.

p. 48 Légende. *Terre des hommes*, Gallimard, Folio, p. 32.
p. 48 Légende. *Articles*, Gallimard, Pléiade, p. 314.
p. 48 Texte courant. Lettre à L.-M. Decour, in *Le Figaro littéraire*, 8 juillet 1950.
p. 48 Intertitre. *Articles*, Gallimard, Pléiade, p. 313.
p. 49 Texte courant. *Lettres à sa mère*, Gallimard, Folio, p. 220.
p. 50 Légende. *Vol de nuit*, Gallimard/Livre de poche, p. 18.
p. 51 Texte courant. *Lettres à sa mère*, Gallimard, Folio, p. 169.
p. 51 Légende. *Lettres à sa mère*, *op. cit.*, p. 215.
p. 51 Légende. *Lettres à Rinette*, Gallimard, Pléiade, p. 820.
p. 53 Intertitre. *Terre des hommes*, Gallimard, Folio, p. 46.
p. 53 Légende. *Terre des hommes*, *op. cit.*, pp. 39-40.
p. 54 Intertitre. *Lettres à sa mère*, Gallimard, Folio, p. 166.
p. 54 Texte courant. Henri Jeanson, *Soixante-Dix Ans d'adolescence*, Stock, 1971.
p. 55 Intertitre. *Lettres à sa mère*, Gallimard, Folio, p. 168.
p. 57 Légende. Yvette Guy, *Saint-Exupéry*, p. 99,. Editions Les Flots bleus.
p. 59 Chapeau. *Terre des hommes*, Gallimard, Folio, p. 177.
p. 60 Texte courant. *Lettre à un otage*, Gallimard, 1944, p. 19.
p. 66. Intertitre. *Terre des hommes*, Gallimard, Folio, p. 110.
p. 67 Texte courant. *Terre des hommes*, *op. cit.*, p.158.
p. 67 Légende. *Terre des hommes*, *op. cit.*, p. 151.
p. 68 Intertitre. *Reportages*. Gallimard, Pléiade, p. 395.
p. 68 Légende. *Ecrits de guerre*, Gallimard, Folio, p. 132.
p. 72 Intertitre. *Articles*, Gallimard, Pléiade, p. 338.
p. 72 Intertitre et texte courant. *Articles*, *op. cit.*, p. 336.
p. 74 Texte courant. Patrick Kessel, *La Vie de Saint-Exupéry*, Gallimard, p. 65.
p. 74 Intertitre. *Lettres à sa mère*, Gallimard, Folio, p. 229.
p. 77 Chapeau. *Ecrits de guerre*, Gallimard, Folio, p. 27.
p. 78 Intertitre. *Lettres à sa mère*, Gallimard, Folio, p. 103.
p. 78 Légende. *Lettres à sa mère, op. cit.*, p. 227.
p. 80 Intertitre. *Pilote de guerre*, Gallimard, Folio, p. 12.
p. 80 Texte courant. *Pilote de guerre*, *op. cit.*, p. 8.
p. 81 Texte courant. *Ecrits de guerre*, Gallimard, Folio, p. 113.
p. 82 Texte courant. *Pilote de guerre*, Gallimard, Folio, p. 171.
p. 83 Texte courant. *Ecrits de guerre*, Gallimard, Folio, p. 132.
p. 85 Intertitre. «Lettre à Consuelo», jamais envoyée récupérée dans la corbeille à papiers par sa secrétaire Marie Macbride.
p. 89 Texte courant. P.-L. Travers, in *New York Herald Tribune Books*, 11 avril 1943, pp. 4-5.
p. 91 Légende. *Lettre à Silvia Reinhardt*, Drouot, 4 décembre 1991, lot 3.
p. 92 Intertitre. *Ecrits de guerre*, Gallimard, Folio, p. 211.
p. 93 Intertitre. *Pilote de guerre*, Gallimard, Folio, p. 164.
p. 94 Texte courant. «Lettre à un Américain», *Ecrits de guerre*, Gallimard, Folio, p. 401.
p. 98 Titre. *Lettres à sa mère*, Gallimard, Folio, p. 221.
p. 102 Intertitre. *Ecrits de guerre*, Gallimard, Folio, pp. 71-72.
p. 104 Titre. Léon-Paul Fargue, *Souvenir de Saint-Exupéry*, Dynamo, Liège, 1945.
p. 106 Intertitre. André Beuclair, article dans *Le Figaro littéraire*, 30 juillet 1949.
p. 108 Titre. *Le Petit Prince*, Gallimard, hors-série, p. 60.
p. 108 Intertitre 1. *Terre des hommes*, Gallimard, Folio, p. 77.
p. 108 Intertitre 2. *Terre des hommes, op. cit.*, p. 78.
p. 114 Titre. *Terre des hommes*, *op. cit.*, p. 14.
p. 115 Intertitre. *Citadelle*, *op. cit* p. 254.
p. 116 Titre. *Lettres aux amis*, Gallimard, Pléiade, p. 792.
p. 116 Intertitre 1. *Lettres aux amis*, *op. cit* p. 850.
p. 116 Intertitre 2. *Lettres aux amis*, *op. cit* p. 799.
p. 117 Intertitre 1. *Lettres à sa mère*, Gallimard, Folio, p. 202.
p. 117 Intertitre 2. *Ecrits de guerre*, Gallimard, Folio, p. 349.

TABLE DES ILLUSTRATIONS

journal des enfants Saint-Exupéry.
23d Couverture de *L'Amusette*.
24h Gabrielle de Saint-Exupéry distribuant le café aux soldats à la gare d'Ambérieu (Ain) en 1917.
24b François de Saint-Exupéry sur son lit de mort en 1917, photographié par son frère Antoine.
25h Classe préparatoire de l'abbé Surdour au lycée Bossuet en 1919 (Antoine est le premier à gauche).
25b Antoine de Saint-Exupéry à la Villa Saint-Jean de Fribourg (Suisse), en 1917.
26h Yvonne de Lestrange.
26b Détail d'une illustration légendée : «Les Zeppelins passent. Paris a le sourire», à la une du *Petit Journal*, 4 avril 1915.
26-27 L'aéronautique de la guerre 1914-1918 in *Histoire de l'aéronautique*, édition de *L'Illustration*, 1938.
27 Antoine de Saint-Exupéry au violon au château de Saint-Maurice en 1917.
28 Antoine de Saint-Exupéry pendant son service militaire en 1921.
28-29 *Paysage du Maroc*, peinture de L. Fontanarosa, 1936, détail.
29 Carte postale ancienne représentant une ruelle de Casablanca.
30h Simone, Antoine et Gabrielle de Saint-Exupéry se baignant dans l'Ain en 1923.
30b Publicité pour les camions Saurer, usines à Suresnes et à Lyon, 1919.
30-31 Photo de famille à l'occasion du mariage de Gabrielle de Saint-Exupéry avec Pierre de Giraud d'Agay, le 11 octobre 1923 à Saint-Maurice.
31 Lettre adressée de Montluçon par Saint-Exupéry à Jean Escot en 1925.

CHAPITRE II

32 «Vers l'Amérique du Sud», un avion de l'Aéropostale, dont on voit l'ombre, croise un groupe de pillards nomades, photo tirée de *L'Illustration*.
33 Publicité pour le service aérien entre la France et le Maroc pour la compagnie Latécoère.
34h Départ du premier avion du service régulier entre Toulouse et Casablanca sur l'aérodrome de Toulouse-Montaudran, le 13 juillet 1919, photo tirée de *L'Illustration*.
34b Tampon sur une enveloppe, évoquant la liaison de l'Aéropostale entre Toulouse et Casablanca.
35 Hôtel du Grand-Balcon à Toulouse, photo extraite de la revue *Icare*.
36h Carte Michelin de l'Espagne vers 1935.
36b Indications de vol sur une carte Michelin du littoral espagnol.
36-37 Avion Bréguet des lignes Latécoère en 1920.
37 «Testament» de Saint-Exupéry à Jean Escot avant de partir travailler chez Latécoère en 1926.
38 Présentation de la ligne Paris-Port-Etienne par les officiels de l'Aéropostale.
38-39 Saint-Exupéry et le colonel de la Peña en compagnie d'officiers espagnols à Cap-Juby, en 1928. Photo coll. Musée Air-France.
39 Type de guerrier maure.
40 L'enceinte principale du fort de Cap-Juby en 1927. Photo coll. Musée Air-France.
41h Vue intérieure de l'«hôtel» de l'Aéropostale à Cap-Juby. Photo coll. Musée Air-France.
41b Vue intérieure de l'«hôtel» de l'Aéropostale à Cap-Juby. Photo coll. Musée Air-France.
42 Femme de Dakar, photo par Saint-Exupéry.
43h En Afrique noire, un enfant et un chameau, photo par Saint-Exupéry.
43b En Afrique noire, deux pirogues, photo par Saint-Exupéry.
44 L'arrivée des aviateurs Reine et Serre à Villa Cisneros après leur captivité, novembre 1928, photo extraite de *L'Illustration*.
45g Esquisse tracée à la main par Daurat de la ligne entre l'Afrique et l'Amérique vers 1928.
45hd Couverture de l'édition originale de *Courrier Sud*, Gallimard, 1929.
45bd Didier Daurat devant un avion de l'Aéropostale au Brésil vers 1930.

CHAPITRE III

46 Guillaumet sur un Potez 25 traverse la cordillère des Andes, illustration de Géo Ham dans *L'Illustration*, 1932. Bibliothèque des Arts décoratifs, Paris.
47 Flacon original du parfum «Vol de nuit» lancé en 1933 par la société Guerlain.
48h Affiche publicitaire pour les lignes Afrique-Amérique du Sud de l'Aéropostale, 1932.
48b Noëlle et Henri Guillaumet avec Antoine de Saint-Exupéry dans un avion de foire au Luna Park de Buenos Aires en 1930.
49hg Texte sur une affiche publicitaire pour les lignes Europe-Amérique du Sud de l'Aéropostale, 1932.
49hd Affiche publicitaire pour les lignes Europe-Afrique-Amérique du Sud de l'Aéropostale, 1933.
49b Affiche publicitaire brésilienne pour les lignes de l'Aéropostale, 1933.
50 Campement du bétail dans la pampa,

CHAPITRE IV

CHAPITRE V

80 Carte aérienne du secteur nord de la France, appartenant à Saint-Exupéry.
80-81h Première version de *Citadelle*, tapée à la machine par Saint-Exupéry.
80-81b Les capitaines Alias et Saint-Exupéry à Alger en 1940.
81 Boîte à cartes de Saint-Exupéry avec dessin.
82h Antoine de Saint-Exupéry et son ami le cinéaste Jean Renoir à Lisbonne, fin 1940.
82b Télégramme adressé à Saint-Exupéry à propos de son départ pour New York *via* Lisbonne.
83 Salvador Dali, *Allégorie d'un Noël américain*, 1934. Coll. part.
84h Saint-Exupéry en compagnie d'Eugen et Elisabeth Reynal à New York en 1942.
84b Article antisémite paru le 13 mars 1943 dans le n° 36 de *Notre Combat* à propos du livre de Saint-Exupéry, *Pilote de guerre*.
85g et 85d Couvertures de deux éditions clandestines françaises de *Pilote de guerre*, en 1943 et 1944.
86g, 86m, 86d et 86-87 Quatre dessins de Bernard Lamotte pour l'édition américaine de *Pilote de guerre*, 1942.
87 Couverture de l'édition américaine de *Pilote de guerre* chez Reynal and Hitchcock en 1942.
88g Bevin House à Long Island, où les Saint-Exupéry passent l'été 1942.
88d «Le Petit Prince», dessin de Saint-Exupéry dans une lettre à Léon Werth, 10 novembre 1943.
89h Portrait charge de Bernard Lamotte par Saint-Exupéry, avec dédicace, 1941.
89m Deux dessins non datés de Saint-Exupéry.
89b Couverture de *Lettre à un otage* paru chez Brentanos à New York, en 1943.
90 «Les Baobabs», dessin de Saint-Exupéry pour *Le Petit Prince*. © Editions Gallimard.
91g «Le Vieux Roi», dessin aquarellé de Saint-Exupéry pour *Le Petit Prince*. Reproduit dans *Icare*. Coll. Musée Air France. © Succession Saint-Exupéry.
91d Deux couvertures de la première édition du *Petit Prince* à New York en 1943.
92h Allocution radiophonique de Saint-Exupéry à la NBC à New York en novembre 1942.
92b Saint-Exupéry par Jacques Thévenet.
92-93 L'escadrille des Lightning P38 dont faisait partie Saint-Exupéry à Oujda (Maroc) en 1943.
93 «La Bergère», dessin de Saint-Exupéry pour le menu d'un repas intitulé «Les Obsèques d'un cochon», Alger, 1943.
94g Saint-Exupéry étudiant un plan de vol en mai 1944, photo de John Phillips.
94d Saint-Exupéry descendant de sa jeep à Alghero, mai 1944.
94-95 Conclusion du rapport de la dernière mission de Saint-Exupéry en Méditerranée, dont il ne rentra pas, Borgho-Bastia (Corse), le 31 juillet 1944.
95h Saint-Exupéry s'installe dans sa carlingue aidé par le lieutenant Leleu, base d'Alghero (Sardaigne), 1944.
95b L'avion Lightning P38 de Saint-Exupéry.
96 Saint-Exupéry par Hugo Pratt, dessin extrait de *Saint-Exupéry, le dernier vol*, Castermann, 1994.

TÉMOIGNAGES ET DOCUMENTS

97 Saint-Exupéry et le Petit Prince, dessin de Maurice Henry.
98 Dessin de Saint-Exupéry sur une lettre adressée à Silvia Reinhardt datée de 1944.
99 Lettre de Saint-Exupéry à sa mère, Le Mans, 1910.
100 Lettre à Jean Escot, Bourges, 1925.
101 Extrait d'une lettre à Henri Guillaumet, Casablanca, 1927.
102 Guillaumet et Saint-Exupéry en Argentine devant le Laté 28 en 1930.
104 Enveloppe d'une lettre adressée à Saint-Exupéry.
105 Enveloppe d'une lettre envoyée à Saint-Exupéry par le roi des Belges en 1939.
106 Arrivée de Saint-Exupéry à la gare Saint-Lazare, à Paris, en mai 1938.
107 Plan de Paris portant les diverses adresses de Saint-Exupéry dans la capitale. Infographie Gallimard Jeunesse.
108 Dessin de Saint-Exupéry extrait d'une lettre à Guillaumet, janvier 1927.
109 Dernier dessin de Saint-Exupéry pour *Le Petit Prince*. © Editions Gallimard.
110 «Le Café de la Marine à Saint-Amour», illustration d'André Dunoyer de Segonzac pour *Lettre à un otage*, Gallimard, 1950.
111 Léon Werth en 1935. Coll. Claude Werth.
112 Edition originale du *Problème du pharaon*, Ælberts, 1957.
113 Brevet d'invention déposé par Saint-Exupéry.
114 La main de Saint-Exupéry, photo de Jeanne Malésieux, 1938.
115 Titre d'un tapuscrit de Teilhard de Chardin.
116 Dessin en page de titre d'un recueil de poésie de Saint-Exupéry, *L'Adieu*, sans date.
118 Affiche pour le projet de Fondation Antoine-de-Saint-Exupéry.
127 Saint-Exupéry lisant une carte avec Jean Prévot avant un vol, 1935.

INDEX

CRÉDITS PHOTOGRAPHIQUES

AFP, Paris 68, 68-69b. AKG Paris/Walter Limot 70, 70-71, 71. Archive Photos, Paris 75h. Archive Photos, Paris/Everett 57g. Archive Photos, Paris/Tal. 15h, 16h, 27, 28, 62, 63h, 63b, 73h, 92h, 95b. Archive Photos, Paris/Tal./D.R. 11, 94g, 102. Archive Photos, Paris/© Succession Saint-Exupéry 17h. Casterman 96. Jean-Loup Charmet 46, 53, 64b. Coll. de l'auteur 5g, 5d, 7d, 9. Coll. famille d'Agay 18b, 19hg, 19hd, 20-21, 42, 75b, 82b, 104. Coll. famille d'Agay/photo Gallimard Jeunesse 12, 13, 14h, 15b, 16b, 17b, 18-19, 21g, 21d, 22h, 23g, 23d, 24b, 30-31, 31, 36h, 36b, 37, 51, 60b, 64h, 73b, 77, 78b, 80, 80-81h, 81, 86g, 86m, 86d, 86-87, 88d, 89h, 89m, 91d, 93, 99, 100, 105, 106, 113, 115. Coll. famille d'Agay/photo Gallimard Jeunesse/D.R. 76, 92b. Coll. famille d'Agay/photo Sygma 14b, 18hg, 18hd, 18m, 19m, 20, 22b, 24h, 25h, 25b, 30h, 55, 78h, 114. Coll. famille de Lestrange 26h. Coll. Nelly de Vogüé 43h, 43b. Coll. part. 85g, 85d. Droits réservés 35, 38-39, 40, 41h, 41b, 45g, 56b, 61, 74, 79, 82h, 84h, 87, 88g, 89b, 98, 101, 108, 111, 112. D.R./© Succession Saint-Exupéry 116. Edimédia, Paris 60h, 83. Archives Gallimard, Paris 1re de couv., dos, 4e de couv., 1 (fond), 1, 2 (fond), 2, 3 (fond), 3, 4 (fond), 4, 5 (fond), 6 (fond), 6, 7 (fond), 7g, 8 (fond), 8, 9 (fond), 45hd, 54, 57d, 59, 67d, 68-69h, 69b, 90, 109. Archives Gallimard/ADAGP 110. Giraudon/Association Lucien Fontanarosa 28-29. Société Guerlain, Paris 47. Keystone, Paris 64-65, 66, 67g. Keystone/L'Illustration, Paris 32, 34h, 44, 52h, 72. Kharbine-Tapabor, Paris 56h, 84b. Kharbine-Tapabor/ADAGP 97. Musée Air France 91g. Roger-Viollet, Paris 30b, 34b, 36-37, 38, 39, 45bd, 48b, 50-51, 52m, 52b, 58, 65, 66-67, 80-81b, 92-93, 94d,94-95, 95h. Selva, Paris 26b, 26-27, 33, 48h, 49hg, 49hd, 49b, 127. Sipa Icono, Paris 50. Sirot/Angel, Paris 29.

REMERCIEMENTS

La réalisation de cet ouvrage a été rendue possible grâce à l'affectueuse complicité de Frédéric d'Agay, détenteur des archives familiales Saint-Exupéry, et à l'assistance livresque de mesdames Mireille des Vallières et Roselyne Sartre.

ÉDITION ET FABRICATION

DÉCOUVERTES GALLIMARD
COLLECTION CONÇUE PAR Pierre Marchand. DIRECTION Elisabeth de Farcy.
COORDINATION ÉDITORIALE Anne Lemaire. GRAPHISME Alain Gouessant. FABRICATION Corinne Chopplet. Suivi de production Madeleine Gonçalves. PROMOTION & PRESSE Valérie Tolstoï.
SAINT-EXUPÉRY, L'ARCHANGE ET L'ÉCRIVAIN
EDITION ET ICONOGRAPHIE Odile Zimmermann. MAQUETTE Valentina Lepore.
LECTURE-CORRECTION Catherine Lévine et Jocelyne Marziou.
PHOTOGRAVURE Mirascan (Corpus) et Arc-en-Ciel (Témoignages et Documents).

Table des matières